会社経営NEO[新]マニュアル

中小企業経営者のための
絶対にカネに困らない
資金繰り完全バイブル

資金繰りコンサルタント
川北英貴

すばる舎リンケージ

まえがき

　この本を手にとったということは、あなたの会社の資金繰りが厳しいからでしょうか。それとも今は大丈夫だが今後の備えとして、資金繰りが厳しくならないように、でしょうか。

　私は資金繰り改善コンサルタントとして12年間、全国5,000社以上の資金繰りが厳しい会社の経営者に、資金繰り改善のアドバイスを行ってきました。毎日のように、私のところにメールや電話が全国から来て、資金繰りの相談を受けています。それぐらい、世の中には資金繰りに困っている経営者が多いのです。

　この本は、私の執筆する10冊目の本（監修も合わせれば12冊目）になります。
　私は銀行員7年半、中小企業（経営コンサルタント会社）の経営者11年、資金繰り改善コンサルタント12年（経営者と資金繰り改善コンサルタントの時期はかぶります）、やってきました。
　この3つの仕事はいずれも、中小企業の資金繰りに直面する仕事です。

　銀行員としては中小企業に融資をする立場として。
　経営者としては自らの会社の資金繰りを回すために。
　コンサルタントとしてはコンサルティング先の中小企業の資金繰り

改善のために。

　これらの仕事の経験から得た、資金繰りが回るようにするノウハウの全てを、この本にぶつけます。

　資金繰りが厳しい会社の経営者には、共通した特徴があります。
　はじめにその特徴をあなたに知っていただきます。もし、あなたがその特徴に当てはまるのであれば、そうならないようにしてください。それだけでも資金繰りで悩まない経営者に向けて進むことができます。

　次に、資金繰り改善のためにやることの順番と、具体的に行う方法を書きました。資金繰り改善のために重要なことは、資金繰り改善策の一部だけやって満足しないことです。
　この本に書いてあること全てを実行することで、資金繰りは大きく改善します。資金繰りが回るようになります。資金繰りで悩まされる日々から解放されます。
　最初のページから最後のページまで全て読んで、書いてあることを全て実行してください。ただ、いきなり全部のことはできないでしょうから、この本に書いてある順番で、1つずつ、進めてください。

　話は変わりますが、世の中には起業者向けのセミナーが多くあります。あなたが創業者であれば、そのようなセミナーに参加したことがあるかもしれません。
　しかし、いずれのセミナーでも、ビジネスモデルの作り方や、マーケティング・営業の方法などが教えられますが、資金繰りについて教えられることはなかなかありません。
　あなたが実感しているように、資金繰りは、中小企業にとってとて

まえがき

も大切なテーマです。起業した人に資金繰りについて教えてくれる人が誰もおらず、その結果、多くの経営者が資金繰りに困るようになってしまいます。

　資金繰りは、会社経営の土台となるものです。ビジネスプランやマーケティングのような派手さはありませんが、資金繰りが回らなければ、会社は確実につぶれます。

　この本が、あなたの会社がずっと存続し、そして成長していくための土台になることを願います。

　2016年7月

著者

中小企業経営者のための　絶対にカネに困らない
資金繰り　完全バイブル

もくじ

まえがき …………………………………………………………3

Chapter 1　資金繰りが厳しくなる会社・経営者の特徴

- 1-1　資金繰りが厳しい会社・経営者の5つの特徴 ………16
  - （1）社長が決算書を読めない ……………………………17
  - （2）毎月の損益を把握していない ………………………18
  - （3）経営計画を立てていない ……………………………19
  - （4）資金繰り管理を行っていない ………………………20
  - （5）銀行とうまく付き合っていない ……………………22
- 1-2　資金繰りが厳しい会社に起こっている現象 ………24

Chapter 2　資金繰り改善の順番

- 2-1　資金繰り改善の順番 ……………………………………26
- 2-2　毎月の損益がわかるようにする ……………………27
- 2-3　月次・年次の損益計画を立て、経営改善を行い、
  毎月利益が上がるようにする ………………………28
- 2-4　売掛金の回収を徹底的に行う ………………………30

2-5　資金繰り表を使って、資金繰り管理を行う ………31
2-6　資金調達に動く − 銀行からの借入 − ……………32
2-7　資金調達に動く − 銀行以外からの借入 − ………33
2-8　支払時期を遅らせる交渉 …………………………35

Chapter 3　毎月の損益がわかるようにする

3-1　毎月の損益を出すための「仕訳」…………………38
3-2　現金主義ではなく発生主義とする …………………40
3-3　在庫を抱える業種であれば毎月の棚卸を行う ………42
3-4　補助科目を活用する …………………………………43

Chapter 4　月次・年次の損益計画を作り、経営改善を行い、毎月利益が上がるようにする

4-1　月次、年次の「損益計画」を作る …………………46
4-2　経営改善の具体的対策 ………………………………48
　（1）売上向上 ……………………………………………48
　（2）粗利率向上 …………………………………………48
　（3）経費削減 ……………………………………………49
　（4）人件費見直し ………………………………………53
　（5）足を引っ張る原因のあぶり出しと改善 …………59

Chapter 5　売掛金の回収を徹底的に行う

- 5-1　売掛金の回収を徹底的に行う ……………………………66
- 5-2　売掛金回収への対応がずさん ……………………………67
- 5-3　売上が計上されない、不正が行われている ……73
- 5-4　売掛金の回収までの期間が長い ……………………………75
- 5-5　売掛先にあとから値引きをいわれる ……………………77
- 5-6　前受金・着手金をもらおうとしない ……………………78
- 5-7　売掛先の倒産によるダメージを抑える備え …………79
  - （1）売掛先の業績や資金繰りを観察 ……………………………79
  - （2）得意先を分散させる ……………………………………………80
- 5-8　売掛金が回収できなくなった時 …………………………83

Chapter 6　資金繰り表を使って、資金繰り管理を行う

- 6-1　資金繰りの管理 ……………………………………………86
- 6-2　月次資金繰り表の作り方 ……………………………………87
- 6-3　月次資金繰り表の内容 ………………………………………89
  - （1）経常収支 ……………………………………………………89
  - （2）設備収支 ……………………………………………………90
  - （3）財務収支 ……………………………………………………90

6-4 月次資金繰り表の各項目 …………………………92
6-5 資金繰り表を作っている会社を銀行は評価する ……94
6-6 月次資金繰り表の実績部分の作り方 ………………96
6-7 月次資金繰り表の予定部分の作り方 ………………99
　（1）売上代金の回収予定を入力する ………………………99
　（2）その他収入予定を入力する …………………………101
　（3）仕入代金・材料費・外注費などの支払い予定を入力する …101
　（4）人件費支払予定を入力する …………………………102
　（5）その他支払予定を入力する …………………………102
　（6）設備売却・購入予定を入力する ……………………103
　（7）借入・返済予定、支払利息、
　　　定期預金等の預入・解約予定を入力する ……………104
6-8 月次資金繰り表の応用 ………………………………105
6-9 日次資金繰り表の作り方 ……………………………106
6-10 資金繰り表では現金の保有高を気にする ………108
6-11 借入返済よりも現金残高を増やす …………………110
6-12 支払手形のおそろしさ ………………………………112
6-13 資金繰りで経営者が絶対にやってはいけないこと …115
　（1）関係会社の貸付に充てる、出資に充てる ……………116
　（2）会社のお金と経営者個人のお金を混同する …………117
　（3）経営者がムダ遣いをする………………………………120

（4）知人に頼まれて貸してしまう ……………………………122
（5）借入しないで設備投資をする、
　　運転資金で借入して設備資金に充てる ………………123
（6）詐欺に遭う……………………………………………………125
（7）ムダな新事業に手を出してしまう ……………………128
（8）社員に横領される …………………………………………132
（9）ムダな自社ビル、自社店舗を持つ ………………………133

6-14　資金繰り改善のために考えるべきこと ……………135
（1）在庫 ……………………………………………………………135
（2）売上が急激に伸びている場合 ……………………………138

Chapter 7　資金調達に動く - 銀行からの借入 -

7-1　金融機関の使い分け ……………………………………144
（1）銀行（信用金庫・信用組合も含む）……………………144
（2）政府系金融機関 ……………………………………………146
（3）ノンバンク …………………………………………………147

7-2　融資を受ける銀行の数を増やす ……………………149
（1）もし1つの銀行から融資が受けられなくなったら、
　　他に融資を受ける選択肢がなくなってしまう ……………149
（2）銀行が融資をしたい会社であったら、複数の銀行があったほうが、
　　金利の競争が起こり、金利が低くなりやすい ……………150

7-3　融資を受ける銀行の増やし方 ……………………151
(1)　興信所会社に自分の会社の情報が掲載される ……………151
(2)　近所の支店で預金口座を開設する ……………………………152
(3)　人に紹介してもらう …………………………………………153

7-4　審査を通しやすくするための銀行との付き合い方　154
(1)　融資審査の稟議書の回り方 …………………………………154
(2)　支店長が最終決裁できる金額を意識する ………………156
(3)　支店内のキーマンとのコミュニケーションのとり方 ……158
(4)　銀行から訪問してもらう ……………………………………161

7-5　信用保証協会保証付融資とプロパー融資 …………163
(1)　プロパー融資には保証枠がない ……………………………163
(2)　保証付融資よりもプロパー融資のほうが審査は厳しい …165

7-6　プロパー融資をどう受けられるようにしていくか …166
(1)　銀行間で競争させること ……………………………………166
(2)　銀行にとって出しやすい融資で提案してもらうこと ……167
(3)　保証付融資と抱き合わせで提案してもらうこと …………169

7-7　融資審査のポイント ……………………………………171
(1)　決算書の内容は？ ……………………………………………171
(2)　融資で出た資金は何に使うのか？ …………………………174
(3)　融資はどのように返済するのか？ …………………………175
(4)　融資の返済ができなくなった時の備えはどうするのか？　177

7-8　融資審査にあたって提出を求められる資料 ………178
（1）試算表 …………………………………………………178
（2）月次資金繰り表 ………………………………………179
（3）経営計画 ………………………………………………179

7-9　銀行が企業を評価するにあたって気にする点 ……180

（1）経営者の資質はどうか ………………………………180
（2）現場はどうなのか ……………………………………181
（3）業界動向はどうなのか ………………………………182
（4）新聞・雑誌の掲載履歴 ………………………………182

Chapter 8　資金調達に動く - 銀行以外からの借入 -

8-1　資金調達 …………………………………………………184
8-2　ノンバンクによる無担保融資 ……………………………186
8-3　ノンバンクによる有担保融資 ……………………………188
（1）売掛債権担保融資 ……………………………………188
（2）不動産担保融資 ………………………………………189
（3）生命保険を担保とした融資 …………………………189
（4）手形割引 ………………………………………………190
8-4　ファクタリング ……………………………………………191
8-5　固定資産のリースバック ………………………………195
8-6　ベンチャーキャピタル …………………………………196
8-7　知人・親族・エンジェル投資家 …………………………197

Chapter 9 支払時期の調整

- 9-1 **どの支払いを遅らせるか** ………………………200
- 9-2 **税金・社会保険料が支払えない場合** ………………202
- 9-3 **知人からの借入の返済が一括でできない場合** ……204
- 9-4 **買掛金の支払いの遅らせ方** ……………………207
  - （1）支払いの優先順位をつける ……………………207
  - （2）買掛金の支払い計画を立てて交渉する ……………208
  - （3）大きい買掛金から交渉していく ………………208
- 9-5 **経費の支払いの遅らせ方** ………………………209
- 9-6 **手形ジャンプ** ……………………………………210
- 9-7 **給与が支払えない場合** …………………………213
- 9-8 **銀行への返済を減額・猶予する** ………………214
  - （1）リスケジュールとは？ …………………………214
  - （2）リスケジュールのメリット・デメリット …………215
  - （3）一括返済の融資もリスケジュールできる ……………217
  - （4）リスケジュールを銀行に交渉して同意を得る ………217
  - （5）銀行は多くのリスケジュールを扱ってきている …………219
  - （6）リスケジュールを行ったことは世間には広まらない ……219
  - （7）返済の一本化とは ………………………………220
  - （8）リスケジュールの期限 …………………………222
  - （9）リスケジュールは全ての銀行で平等に行う …………224
  - （10）リスケジュール交渉の順番 ……………………225

（11）リスケジュールの更新をスムーズに行うために ……… 229
　（12）リスケジュール交渉が難航する場合 …………………… 231

巻末

　別表1　月次損益計画 ………………………………………… 234
　別表2　年次損益計画 ………………………………………… 236
　別表3　経費管理表 …………………………………………… 238
　別表4　売掛金管理表 ………………………………………… 240
　別表5　月次資金繰り表 ……………………………………… 242
　別表6　日次資金繰り表 ……………………………………… 244
　別表7　得意先別売上代金回収予定表 ……………………… 246
　別表8　仕入先別仕入代金支払予定表 ……………………… 247
　別表9　現金出納帳 …………………………………………… 248

あとがき ……………………………………………………… 249

装幀──遠藤陽一（デザインワークショップジン）
本文図版──李佳珍

Chapter 1

資金繰りが厳しくなる
会社・経営者の特徴

1-1 資金繰りが厳しい会社・経営者の５つの特徴

　資金繰りを改善していくには、資金繰りが厳しい会社・経営者の特徴を把握し、自分はそうならないようにすることです。
　まずは、その特徴にはどのようなことがあるのかを見てもらいます。

　私のところには多くの経営者が「資金繰りが厳しい」「厳しい資金繰りを打開する方法はないか」「今をしのぐための資金調達の方法を教えてほしい」と相談してきます。
　そのような会社・経営者にはどのような特徴があるのか。
　加えて、その中で、特徴が当てはまる比率も示します。あなた（あなたの会社）がそれに当てはまるかどうかを考えてみてください。

◆資金繰りが厳しい会社・経営者に見られる特徴とその比率
（１）社長が会計を知らない。決算書を読めない…90％
（２）毎月の損益を把握していない…80％
（３）経営計画を立てていない…90％
（４）資金繰り管理を行っていない…90％
（５）銀行とうまく付き合っていない…50％

　もし当てはまるものがあれば、その特徴を克服していくことによって、あなたの会社の資金繰りはよくなっていくことでしょう。

（１）社長が決算書を読めない

　資金繰りが厳しい会社経営者の90％は、決算書が読めないという特徴があります。その経営者が、創業者か、２代目、３代目などの後継者かに分けて考えてみます。

①創業者

　まずは創業者の場合。創業者が、なぜ創業するのか。その主な理由は、自分で集客・営業を行う自信があるからです。

　業種別でいえば、建設業や製造業などでは自分の技術に自信がある、飲食業や小売業であれば自分の商品・サービスに自信があるからです。

　一方で、自分が会計に熟知しているから、経理ができるから、などを理由に創業する人はいません。

　そのため創業者の多くは、会計を知らない人が多いのです。会計を知らなければ、決算書は読めません。自分の会社の経営成績を表したものである、決算書の内容を読むことができないのです。

　決算書を読めなければ、会社がどれだけ利益を上げているのか、赤字であればなぜなのか、資産・負債の状態はどうなのか……それらがわかりません。経営者がそんな状態では、経営はできないでしょう。

②後継者

　次に経営者が２代目、３代目などの後継者の場合。先代が会計を知らない人であったり、知っていても後継者教育の中で教えられていなかったりすれば、あとを継いだ経営者は会計を知らず、決算書を読めません。決算書を読めなければ、経営はできません。

　以上のような背景で、決算書を読めない経営者は多くいます。
　私が相談を受けてきた資金繰りが厳しい会社の経営者の90％は、

決算書を読めない人でした。
　なかには、前月や、前期・今期の累計売上高さえ、満足に答えられない経営者もいます。

私「前月の売上はどうでした？」
経営者「えーっと……税理士に聞いてみます」

　前月の売上もわからない経営者が、どうやって経営を行うのでしょうか。経営者が経営できなければ、その会社は容易に赤字に陥ります。赤字になれば、資金繰りは厳しくなるのです。
　では、経営者が決算書を読めるようになるにはどうすればよいか。
　経営者が決算書の読み方を勉強することです。
　「毎日忙しくて、時間がないよ」と言い訳するのであれば、誰かとお酒を飲みに行くのを１回だけ控えてください。そうすれば、飲み屋への往復の移動時間を含めて３時間、時間を作ることができますね。３時間もあれば、決算書の読み方の本を１冊、読むことができます。
　経営者が決算書を読めるようになることは、経営を行うために必須です。読めないのであれば、すぐに勉強してください。

（２）毎月の損益を把握していない

　資金繰りが厳しい会社の経営者の80％は、毎月の損益を把握していません。
　あなたは、自分の会社の前月、もしくは前々月の売上・利益がどれだけあるのか、わかっていますか。また今期合計してどれだけの売上・利益があるのか、わかっていますか。それが今すぐわからないのであれば、毎月の損益を把握していないということです。

毎月の損益は、会計ソフトに仕訳入力をすることによって、その数字を出すことができます。

　仕訳入力とは、日々、事業を行うことによって取引や金銭が動いたことを記録していくことです。それを集計したものが、損益となります。毎月の損益とは、毎月、会社がどれだけ利益を得た、もしくは赤字を出したことを指します。

（3）経営計画を立てていない

　資金繰りが厳しい会社の90％は、これに当てはまります。

　経営計画とは、今後、どのように売上・利益を上げていくのかを数字で表し、どうやってその数字を上げるために行動していくのかを文書にしたものです。

　経営計画には、今後3～10年ぐらい先まで、各年どれだけの売上・利益を上げていくかの「年次計画」と、今期、来期、各月どれだけの売上・利益を上げていくかの「月次計画」で構成します。

　全ての上場企業は経営計画を立てています。経営計画を立てて経営をしているからこそ、会社は成長して上場することができた、ともいえます。

　経営計画は、自動車のカーナビのようなものです。カーナビを使う時には目的地を設定しますね。そうすれば、現在地から目的地までの道順を教えてくれます。

　会社では、経営計画がカーナビの役目を果たすのです。

　例えば、今期は売上高1億5,000万円、経常利益1,000万円を達成する、そのために売上はどの得意先でいくら上げる、どの商品でいくら上げるかを決めます。仕入、外注はどこでいくら発注するか、また

経費は各項目でいくら使うのかを決めます。今期分だけでなく、翌年の分まで作ったものが、経営計画となります。

　経営計画を作るのは、他人ではありません。経営者自身です。経営計画が作られれば、あとはその計画に沿って行動していくだけです。
　経営計画を立てていない会社の場合、どこでいくら売上を上げるかの計画がないため、社長、社員は、思いつきの行動ばかりになります。
　社長が数字を示さないと、どうなるでしょうか。私が営業マンだったら、「成り行きでいいや」と思うでしょう。そうなると、売上は低迷します。
　経費もそうです。「今月はこの経費はいくらまで」という数字がなければ、経費は適当な使い方となります。例えばタクシー代。ちょっと歩くのが面倒だからとタクシーに乗り、それがかさめばかなりの経費となるでしょう。経費の計画がないため使い放題になりかねません。
　さらに、このような状態に陥る会社はタクシー代だけでなく、全ての経費の使い方がゆるみます。赤字になります。赤字になれば資金繰りは厳しくなります。

（4）資金繰り管理を行っていない

　資金繰りが厳しい会社の90％にこの特徴が見られます。
　事業を行っていけば、売上入金が多い日には現金残高（預金も含めて「現金」と表記）は増え、支払いが集中する日には現金残高は少なくなります。
　月単位で考えても、回収が多い月、支払いが多い月があります。
　このように、資金繰りには波があるので、資金繰り表を作って管理していくとよいのです。
　それができていない会社にありがちなのは、次の２点です。

①現金が不足する直前にその不足の事実を知り、あわてる
②現金が多い時に、ムダに現金を流出させてしまう

①現金が不足する直前にその不足の事実を知り、あわてる

　月末の3日前になって「月末までに300万円調達したい」という相談は私のところに多く来ます。ひどい場合には当日になって「今日中に現金が200万円ほしい」ということも……。

　そのような会社は、資金繰り管理がまったくできていないのでしょう。行き当たりばったりの経営です。

　現金が不足し銀行から融資を受けたい場合でも、不足となる日の2〜3ヶ月前には把握し、あらかじめ銀行に相談しておけば、銀行は融資が出そうかどうかの見通しを教えてくれます。あわてて融資審査をしなくてもよいように、早い時期に銀行は審査を行ってくれるのです。

　また、経営者は、銀行から融資を受けられなかった場合の2番目の手、3番目の手を、あらかじめ考えておくとよいでしょう。

②現金が多い時に、ムダに現金を流出させてしまう

　前述したとおり、売掛金の回収が多い日や、銀行から借入をした時は一時的に現金が増えます。一時的に増えた現金は、あくまで〝一時的〟なもので、支払いが多い時期にはその現金は少なくなります。

　にもかかわらず、一時的に増えた現金を見て、「自分の会社は現金を多く持っている」と錯覚し、

「知人の経営者から頼まれて500万円貸してしまった」
「前からやりたいと思っていた新事業に3,000万円使ってしまった」
「支払時期が来ていない知人への返済に1,000万円使ってしまった」

といって、現金を使い、買掛金や経費、給料の支払いが多い時期に現金が不足して困った状態になってしまいます。

一時的に増えた現金は、日々の事業のための運転資金以外に使ってはいけません。資金繰り表による資金繰り管理を行っていれば、すぐにわかるのですが、資金繰り管理を行っていなければそのような計算もできず、資金が不足してはじめて、困った状態に陥るのです。

（5）銀行とうまく付き合っていない

資金繰りが厳しい会社の50％は、銀行とうまく付き合えていません。

私は銀行員時代、企業に融資を行うための、融資営業、融資審査をずっとやっていたのですが、資金繰り改善コンサルタントになって、その立場から企業の実態を見ると、銀行との付き合いがうまくできていない企業が実に多いと感じます。

では、どのような会社でしょうか。

ある会社は、年商1億8,000万円、銀行からの借入金が500万円でした。一見すると、借入金500万円は少ないように思えますが、税金を1,500万円、社会保険料を2,000万円も滞納していたのです。

普通は、運転資金を銀行で調達し、税金や社会保険料の滞納は発生させないようにしますが、この会社の社長は、
「親の代から、銀行からの借入は極力するなといわれており、それを守っている」

といいます。とはいっても、税金や社会保険を滞納させてしまえば、本末転倒です。設立から10年、ずっと黒字を続けてきた会社ですから、銀行から融資を受けるチャンスはいくらでもあったはず。

しかし銀行から融資を受けず、運転資金や設備資金で必要となった

分は、税金や社会保険料を滞納することでまかなわざるをえない資金繰りになってしまいます。

このような状態で銀行から融資を受けようとしても、税金や社会保険料の滞納が大きい会社では、銀行から融資を受けることはまずできません。資金繰りは厳しいままです。

多くの会社では運転資金や設備資金が必要になった場合、自己資金でまかなうことはできません。

その場合、銀行から融資を受ける必要がありますが、銀行は、付き合いのない企業には融資を出しづらいものです。いつでも融資がスムーズに受けられるようにふだんから銀行とうまく付き合っておきたいものです。

この会社のように、銀行から融資を受けるべき時に、そこまで考えが及ばないことはよくあり、特に創業して5年以内の会社にその傾向があります。

例えば、経営者がもともとサラリーマンの場合、会社勤めの時代に、銀行から融資を受けるのは、住宅を買う時や車を買う時、日々の生活で足りない時にカードローンで借りるぐらいでしょう。

そのような人が会社を立ち上げたあと、事業で使う運転資金や設備資金を銀行から融資を受けてまかなう、という発想にはなかなかなりづらいものです。その結果、前出の会社のように、銀行からの融資は少なく、税金や社会保険の滞納を多くしていたり、買掛金の未払いを多くためていたりするものです。

そうならないために、運転資金・設備資金は銀行からの融資で調達できないかを考えること、そしてぎりぎりの資金繰りをしないように銀行から融資を定期的に受けていくことが必要です。

1-2 資金繰りが厳しい会社に起こっている現象

　資金繰りが厳しい会社で起こっている現象とその比率は下記のとおりです。

- ノンバンク（銀行以外の金融会社）から借りている…80%
- 知人や親族から借入がある…80%
- 税金や社会保険料の未払いがある…40%
- 買掛金の未払いがある…30%
- 銀行への返済の減額・猶予、いわゆるリスケジュールを行っている…30%
- 給料の遅延が起こっている…10%
- 経営者の個人信用情報がブラック状態（延滞や貸倒れが記録された状態）である…10%

　これらの現象は、毎月の資金繰りが回っている会社ではまず起こってない現象です。
　現状の資金繰りが厳しい上に、上記のような現象が起こっていれば、資金繰りの厳しさの度合いは大きくなります。
　まだ資金繰りが厳しくない会社でも、毎月の損益の赤字が続いたり、銀行とうまく付き合えず融資がスムーズに受けられないなどで資金繰りが厳しくなったりすれば、上記の現象が起こってくるものだと考えてください。

Chapter 2

資金繰り改善の順番

2-1 資金繰り改善の順番

　資金繰りが厳しい会社の特徴がわかったら、その特徴に自分の会社が当てはまらないようにするとともに、資金繰り改善に向けて具体的に行動していきます。

　そのための行動の順番は次のとおりです。またこの順番は、優先順位でもあります。

◆資金繰り改善の順番

1. 毎月の損益がわかるようにする：27ページ、Chap3
    ↓
2. 月次・年次の損益計画を立て、経営改善を行い、毎月利益が上がるようにする：28ページ、Chap4
    ↓
3. 売掛金の回収を徹底的に行う：30ページ、Chap5
    ↓
4. 資金繰り表を使って、資金繰り管理を行う：31ページ、Chap6
    ↓
5. 資金調達に動く - 銀行からの借入 - ：32ページ、Chap7
    ↓
6. 資金調達に動く - 銀行以外からの借入 - ：33ページ、Chap8
    ↓
7. 支払時期を遅らせる交渉をする：35ページ、Chap9

2-2 毎月の損益が わかるようにする

　優先順位の２番目に、「経営改善を行って毎月利益が上がるようにする」とありますが、毎月、どれだけの利益が上がっているのか目に見えるようにしなければなりません。
　そのためにはまず、毎月の「試算表」を作ります。試算表とは、

・どれだけ売上・利益があったのか
・原価や経費は何にいくらかかったのか

　これらが数値でわかる表です。
　あなたの会社の前月、もしくは前々月は、いくらの売上、いくらの利益であったかすぐにわかりますか。それがわからなければ、毎月の損益はわかっていない、ということです。時々、
「これから税理士に試算表を作ってもらって調べる」
　という経営者がいます。しかし、試算表はいわれたから作るものではありません。
　試算表は、経営者が毎月の損益を把握し、今後利益が多く出るようになるためにはどうするかを考える、経営のための資料です。誰かにいわれなくても毎月試算表を作って、それを見て経営者が、どうするか考えられるようにしなければなりません。
　何度もいうように、資金繰り改善の第一歩は、毎月の損益がわかるようにすること、です。

2-3 月次・年次の損益計画を立て、経営改善を行い、毎月利益が上がるようにする

　資金繰りの改善の2番目に行うことは、今後1年の月次損益計画と今後3〜10年の年次損益計画を作ることです。また経営改善を行って毎月利益が上がるようにします。
　利益が上がるようにすることは、経営者として当たり前にやるべきことですが、そもそもなぜ赤字ではダメなのか、今一度考えてみます。

　いくら、銀行などから資金調達ができたところで、毎月の利益が赤字であれば、資金調達した現金は赤字補てんに消えてしまいます。
　別の表現をすると、資金調達した現金は赤字補てんで「溶けて」しまいます。毎月赤字という状態で融資を受けることは、真夏の太陽の下に氷を置くようなものです。
　毎月の利益が赤字であれば、会社がもともと持っていた現金も、銀行などから調達した現金も溶けてすぐになくなってしまいます。
　毎月赤字を出すことは、経営者としてやってはいけないことであり、〝罪〟ともいえます。

　あなたが貸し手だったら、そんな会社にお金を貸したいですか？　それよりも、お金を貸したらそれが増えた状態で（利息をつけた状態で）返してくれる人に貸したいですよね。
　現金が増えた状態で返すのは、企業が毎月黒字であり、その中で利息分も稼ぐことができて、やっと実現できることです。

毎月黒字なら、事業を行っていけば現金は増えていきます。

　銀行などからの借入金の返済があっても、事業で毎月稼いだ現金を使って返済していくことができるのです。毎月稼いだ現金では返済分をまかなえないのであれば、新たに融資を受けて現金を増やしてまかなうことができます。銀行は黒字企業には融資をしやすいのです。

　黒字企業であれば、買掛金や経費の未払いは、毎月稼いだ現金の中から少しずつ払っていくこともできます。いずれにせよ、毎月の利益が黒字であれば、資金繰りは回ります。

　だから、経営改善を行って毎月黒字を出すことが重要なのです。

　もし、季節により売上・利益の増減が大きい会社であれば、毎月黒字を出すのは難しいこともあります。その場合でも「平均したら黒字」となるように、黒字月で現金をためて、赤字月をしのぐことができるでしょう。

　そのためには、今後1年の月次損益計画、今後3～10年の年次損益計画を作ります。どう経営改善を行うか、具体的な対策を盛り込んだ上で、今後の損益はどうなるかを書くものです。

　資金繰り改善のための順番の4番目として、「資金繰り表」をあげていますが、損益計画は、資金繰り表を作るのにも必ず必要です。毎月の損益がわかるようになっていれば、その損益の流れをもとに、今後はどのように損益が推移していくかの計画は立てやすいものです。

　ここで損益計画ができたら、それをもとに今後の資金繰り表を作って資金繰りを予測していくことになります。

2-4 売掛金の回収を徹底的に行う

　例えば、ある会社で月の損益が次のようになったとします。

> 売上高　1,500万円
> 経常利益　100万円

　もし、売上高1,500万円のうち、300万円の売掛金が回収できなかったとしたら、実質的には、100万円の利益ではなく、「△200万円」の赤字となります。現金もそれだけ不足することになります。
　こう考えると毎月の損益は、「全ての売掛金が回収できた」ことが前提の数字だというのがわかります。

　毎月黒字を出しても回収できない売掛金があれば、その会社は赤字になりかねません。売掛金は100％回収することが重要です。
　そのためには、次の点にも気をつけましょう。

・各売掛先の売上発生や回収状況を常にチェックする
・支払期日に売掛先が入金してこなければすぐに回収に動く
・売掛先の倒産や資金繰り難などにより、回収できない事態を防ぐため、売掛先の信用状況の把握を常に心掛ける
・売掛金があとで勝手に値引きされないように、毅然とした態度をとる

2-5 資金繰り表を使って、資金繰り管理を行う

　資金繰り改善の5番目として、「銀行からの借入ができないか資金調達に動く」とありますが、銀行が融資審査を行うにあたって、通常は資金繰り表を要求されます。そのため、資金繰り表を作ることが、融資を検討するよりも前に考えます。

　資金繰り管理とは、次の期間での表を作り、資金繰りが破綻しないように管理をしていくことです。

・毎月の資金繰り表…今後6ヶ月〜1年先ぐらいまで
・毎日の資金繰り表…今後2〜3ヶ月先ぐらいまで

　また、資金繰り表は、下記のような資金繰りを具体的に考える基礎となる表です。

・いつ資金が不足するのかを把握する
・資金不足となる日が将来あるのであれば、資金調達を考える
・資金調達ができない場合は、各種の支払いを遅らせることを考える
・優先的に行う支払い、遅らせる支払いはどれか考える
・遅らせた支払いはその後どうやって払っていくか考える

2-6 資金調達に動く
- 銀行からの借入 -

　資金繰り表があれば、早い時期に、いつ資金不足となるかがわかるようになります。

　その資金不足を補うためにとるべき第一の手段は、銀行から融資を受けて資金調達することです。

　資金不足となる直前ではなく、早い時期に銀行に相談することが必要です。銀行の審査は、長ければ2～3ヶ月ぐらいかかることもあります。銀行の審査期間は企業がコントロールできるものではありません。そのため、資金不足となる2～3ヶ月前には、銀行に融資の相談をできるように準備をしておくことが重要です。

　なおここでいう銀行とは、以下のものも入ります。

・信用金庫
・信用組合
・日本政策金融公庫
・商工組合中央金庫

2-7 資金調達に動く
- 銀行以外からの借入 -

　業績が悪かったり、借入金が多すぎたりなどで、銀行から融資が受けられない会社もあります。その場合、他の資金調達手段を考えます。
　その手段の1つに、銀行以外の金融会社、いわゆる「ノンバンク」から融資を受けることです。

◆ノンバンクの変化

　10数年前のノンバンクといえば、金利は30％近くにもなり、経営に携わっていない人を「連帯保証人」としてとることも多く、債務者だけでなく連帯保証人への厳しい取り立てで社会問題となったことがありました。

　しかしここ10年、そのようなノンバンクは、出資法と利息制限法の間で払いすぎた利息（グレーゾーン金利）を債務者が取り戻す過払い金請求が多くなされたことで苦境に陥り、多くのノンバンクが淘汰されました。
　現在は、ノンバンクといっても昔のようなおっかないイメージが少なくなり、金利は、100万円以上の融資であれば15％の上限で、利息制限法で守られることになったのです。

　また、不動産だけでなく売掛金を担保にする手法が、ノンバンクに

広まるなど、融資の手段は多様化されています。
　このようにノンバンクは、以前より使い勝手はよくなっており、その活用を考えやすくなっています。

　ただ金利は銀行に比べてずっと高いです。
　「銀行から今以上は融資を受けられない」といって、ノンバンクからの融資で、銀行融資の毎月の返済を続けてしまえば、ノンバンクの高い金利の融資で銀行の低い金利の融資を返済することになります。これでは、本末転倒です。
　ノンバンクから借りざるをえないのであれば、銀行への返済の減額・猶予、いわゆる「リスケジュール」を行っておきたいものです。

　またノンバンク以外に、知人や親族から借りるのも資金調達手段の1つです。

2-8 支払時期を遅らせる交渉

・銀行、ノンバンク、知人や親族などから資金調達ができない
・資金調達をし尽くしてしまった

　以上のように、資金調達の手段がなくなった場合、いよいよ支払いを遅らせることを考えます。

・優先的な支払い
・遅らせる支払い

　これらを資金繰り表で考えます。
　また遅らせた支払いはいつ、いくらずつ支払いを行っていくのかも資金繰り表で考えます。
　支払いを遅らせる先には誠意をもって交渉していきましょう。

◆資金繰りでの重点項目

　以上が、資金繰り改善の行動の順番となります。特に、

・毎月の損益がわかるようにする
・経営改善を行って毎月利益が上がるようにする
・売掛金の回収を徹底的に行う

以上の３つは、すぐにやらなければなりません。
　これができれば、企業の資金繰りは、大きく改善されるでしょう。

　次の章からは、資金繰り改善のためにどう具体的に行動していくかを述べていきます。

Chapter 3

毎月の損益が
わかるようにする

3-1 毎月の損益を出すための「仕訳」

　毎月の損益を出すには、仕訳入力を行う必要があります。仕訳には簿記の知識と、会計ソフトの操作方法がわからなければなりませんが、それを知っている経営者は少ないです。
　ではどうすればよいでしょうか。次の3つの方法があり、それぞれ下図のようなメリット・デメリットがあります。

・経営者が覚えて入力する
・経理を雇う
・税理士事務所に依頼する

仕訳入力の方法	メリット	デメリット
1. 経営者が覚えて入力	・経営者の時間を使えばよいのでコストがかからない	・経営者が知識を得ること、毎月入力することに、時間、エネルギーをとられる
2. 経理を雇って入力	・経営者の時間がとられない ・専門性の高い人材を活用できる	・経理社員にかかる人件費が毎月かかる ・優秀な経理社員を探すのが難しい ・経理社員が優秀でなければ不正確な入力になることもある
3. 税理士事務所に依頼	・経営者の時間がとられない ・プロを活用できる ・安価でやってくれることが多い	・通帳コピー、現金出納帳、請求書、領収書、給与明細など、仕訳入力のための資料は会社側で用意しなければならない ・税理士事務所に支払う金額や税理士事務所の能力によっては、毎月やってくれない、不正確に入力されることもある

以上ようなメリット・デメリットがあるにせよ、毎月、損益を把握し、利益が少なかったり赤字であったりすれば特に、なぜそうなったのか振り返り改善していくことが必要です。
　それができなければ会社は赤字が続き、資金繰りは厳しくなります。
　また赤字決算であれば銀行からの融資が受けづらくなり、それも資金繰りに影響を及ぼします。

　なお毎月の損益を把握するにあたり、特に気をつけなければならないことは次のとおりです。

１　現金主義ではなく発生主義とする
２　在庫を抱える業種であれば毎月の棚卸を行う
３　補助科目を活用する

　次項から詳しく見ていきます。

3-2 現金主義ではなく発生主義とする

　現金主義ではなく発生主義により仕訳入力を行います。
　「現金主義」とは、現金の受け渡しがあった日付で売上や経費を計上すること、「発生主義」とは、取引が発生した日付で売上や経費を計上することです。実際の例で見ていきましょう。

　ある会社では、商品Aを、4月15日に500万円で仕入れ、4月30日に1,000万円で販売したとします。そのための経費が4月30日に300万円かかりました。
　この時、発生主義と現金主義ではどのような違いがあるでしょうか。

売上1,000万円…売上発生日4月30日、売掛金回収日5月31日
仕入500万円…仕入発生日4月15日、買掛金支払日4月25日
経費300万円…経費発生日4月30日、経費支払日4月30日

◆発生主義

	4月	5月
売上	1,000万円	0円
仕入	500万円	0円
経費	300万円	0円
利益	200万円	0円

◆現金主義

	4月	5月
売上	0円	1,000万円
仕入	500万円	0円
経費	300万円	0円
利益	△800万円	1,000万円

　発生主義では、4月の利益は200万円の黒字、5月の利益は0円となりますが、現金主義では、4月の利益は△800万円の赤字、5月の利益は1,000万円の黒字となってしまいます。

　このように、現金主義では毎月の損益が正確に把握できなくなってしまうのです。

　こう見ると、現金主義で仕訳を行うことが、いかに毎月の損益を不正確にするかがわかります。

　現金主義では現金の受け渡しを行った時点で仕訳を行うだけですが、発生主義では取引が発生した時点で仕訳を行い、その後、売掛金や買掛金の入金・支払いがあった時点でもう1回、現金受け渡しの仕訳を行います。そのため手間は発生主義のほうがかかります。

　ただ発生主義では正確な損益がわかるようになります。この例では、売上・仕入・経費、いずれも4月に発生した取引です。4月の損益が200万円の黒字となる発生主義のほうが、現金主義よりも正確に損益を把握することができます。

　正確な損益を出すことができなければ、経営者は毎月の損益がわからず、そのため経営改善を行うことができません。

　手間はかかっても、現金主義ではなく発生主義で仕訳を行うようにしてください。

3-3 在庫を抱える業種であれば毎月の棚卸を行う

　毎月棚卸を行い、毎月の損益に反映させることは、売上に対する原価がどれだけかかったか毎月正確な数字が計上されることになり、正確な損益の把握につながります。

　また在庫を減らすことが、資金繰り改善のための1つの方法ですが、リアルタイムでの正確な在庫を把握することがスタートとなります。
　毎月棚卸を行うといっても、実地棚卸を行えば、それだけ時間・労力がとられて現実的ではないかもしれません。そのため、帳簿棚卸だけでも毎月行えるようにします。それぞれの違いも見ておきましょう。

◆実地棚卸
　在庫の現物の量を数えて棚卸金額を把握することを指します。

◆帳簿棚卸
　帳簿上で在庫金額を把握することであり、商品を仕入れたら帳簿にプラスして記録し、在庫を販売したら帳簿にマイナスして記録することです。ある時点での帳簿上の在庫金額を把握します。

　決算期には実地棚卸も行い、実際の在庫の現物の量を把握して金額を算出し、帳簿の在庫金額と合っているか、突き合わせをします。

3-4 補助科目を活用する

◆補助科目とは

「補助科目」とは、会計ソフトについている機能で、各勘定科目をさらに細かくしたものです。

例えば、経費の勘定科目の中に「旅費交通費」があります。その旅費交通費に補助科目を設定します。どう設定するかは自由ですが、旅費交通費であれば「宿泊」「電車」「ガソリン」「タクシー」「飛行機」「バス」「駐車」「有料道路」……というように設定します。仕訳入力時に補助科目も選択します。

それまでは旅費交通費の総額しかわからなかったのが、補助科目を設定して仕訳入力することにより、旅費交通費の細かな内訳、「何にいくら使ったのか」がわかるようになります。

例えば、4月の旅費交通費が18万円、5月が25万円であり、その増加要因を調べたいとします。

補助科目があれば、そのうち飛行機代が「4月が0円」「5月が8万円」であれば、飛行機代が経費増加の第一の要因だとすぐにわかるようになります。

◆補助科目の設定

補助科目は、あとで分析しやすいように設定しましょう。

例えば売上高は、補助科目に取引先名を設定することにより、毎月、

どの取引先にいくら売上を上げたのかがわかるようになります。
　会社全体で売上が減っている時に、取引先ごとの売上高の推移を見れば、どこの取引先の売上が減ったことで会社全体の売上が減ったのか、すぐに分析できます。

　通常、仕訳においては、取引先名・品名・取引の目的などを摘要欄に書くものです。ただ仕訳の入力時、補助科目を入力するのであれば、それでひと手間増えるものの、その分、補助科目の内容は「摘要欄」に書かなくてよくなります。
　例えばA社から売掛金入金があった場合、摘要欄には「A社、5月分」というように書きますが、売掛金の補助科目に「A社」と設定しておいて仕訳入力で補助科目も選択すれば、二重に摘要欄に「A社」と書く必要はありません。ひと手間増えるものの、摘要欄のことを考えるとひと手間減り、結局一緒です。

　毎月の損益を把握できるようになったら、次は毎月利益が上がるように経営改善を行っていきますが、そのために損益が赤字であったらなぜそうなのか分析作業が必要となります。補助科目を入力することは、経営改善にあたっての分析に大きく効果を発揮するのです。

Chapter 4

月次・年次の損益計画を作り、経営改善を行い、毎月利益が上がるようにする

4-1 月次、年次の「損益計画」を作る

「損益計画」とは、今後の損益をどうしていくかの数値計画を書いたものです。経営改善を行うにあたって損益計画は必要です。

毎月の損益がわかるようになると、過去の損益を見て今後の損益計画の見通しを立てやすくなるからです。

また経営改善を行って毎月利益が上がるようにしていきます。

損益計画では、月次損益計画と年次損益計画を作りましょう。

「年次損益計画」は、月次損益計画を1年集計したものです。今期、もしくは今期と来期の損益計画では、月次損益計画と年次損益計画を作り、その後は年次損益計画だけでも問題ありません。

◆損益計画の内容

まずは月次損益計画の例（別表1・234ページ）を見てください。

売上が多い月や少ない月、経費が多くかかる月や少なくて済む月に数値がどうなるかを踏まえながら、月次損益計画を作りましょう。月次損益計画は、後の章で述べる月次資金繰り表を作る時に基礎になる資料です。

次に、年次損益計画の例（別表2・236ページ）を見てください。

それができたら今後3～10年の年次損益計画、つまり毎年、損益をどのようにしていくかも書きます。

◆損益計画から作る「経営計画」
　なお損益計画に、下記のことを文章で書けば、立派な経営計画となり、銀行へ融資交渉する時の資料としても使えるようになります。

・売上増加対策、利益率改善対策、経費削減対策
・自社を取り巻く状況
　　…自社が属する業界の動向、地域的な動向など
・最近の自社の業況
　　…決算書と試算表に表れている業況など
・自社が抱える問題と解決策
　　…自社が抱える問題・課題・弱点
　　…自社の問題を解決する対策
・銀行への要望
　　…どのようなスタンスで自社と付き合ってほしいのか
　　…銀行に、いつどれだけ融資をしてほしいのか、もしくは返済の減額・猶予をしてほしいのか

4-2 経営改善の具体的対策

　毎月赤字が出ていたり、黒字であっても利益が少なかったりすれば、経営改善を行って毎月利益が上がるようにしましょう。
　経営改善のための方法には、「売上向上」「粗利率向上」「経費削減」「人件費見直し」「足を引っ張る原因のあぶり出しと改善」があります。

（1）売上向上

　売上向上とは、売上を増加させることです。例えば、

・飲食店や小売業であれば1店舗あたりの売上金額を増加させること
・卸売業・運送業であれば得意先1社あたりの売上を増やすこと
・建設業であれば受注数と受注単価を増加させること

　これらのために集客や営業をどうやっていくかを考えていきます。

（2）粗利率向上

　粗利率とは、売上高から原価を引いた「売上総利益」を、売上高で割ったものです。

```
粗利率＝売上総利益（売上高－売上原価）÷売上高
```

価格を高くする、原価を下げることにより粗利率は高くなります。

いくら売上を大きくしても、安売りを行って粗利益が上がらないのであれば会社の利益は増えません。売上と粗利益を両方上げていくことを考えます。

（3）経費削減

利益を上げて資金繰りをよくするには、経費削減は当然行わなければなりません。

「うちはすでに経費削減を行っている」

私が相談を受ける経営者の多くがいう言葉です。しかし実際に調べてみると、大半の会社は経費削減が不十分です。

では、経費削減を徹底的に行うにはどうすればよいのでしょうか。

まずは経費の洗い出しを行います。経費が適正に使われているか、「総勘定元帳」を見ます。

総勘定元帳とは、会計ソフトの中にあり、いつどんな経費を使い、どこへ支払ったか、1つひとつ書かれたものです。ただ総勘定元帳だけでは、それぞれの経費の詳細がわかりにくいです。例えばある月の通信費が15万円あって、そのうち固定電話で3万円、携帯電話で10万円、インターネット接続費用で1万円、郵便で1万円、というところまでわかりにくいです。そのため、経費管理表というものを作ります。経費管理表（別表3・238ページ）を活用して、経費を分類し、内容を把握します。

次に、それぞれの経費を使った目的を把握します。経費の使用目的がはっきりしてないもの、誰も使用目的が答えられないものは、削減

対象とします。

◆3つの経費に大別する

　経費削減は、ただ削ればよいというものではありません。
　経費の種類には「投資」「消費」「浪費」の大きく3つがあるからです。

・投資…将来の会社の成長に結びつけるために使う経費
　　（例）人材教育の費用、広告費用、機械購入費
・消費…事業を維持するために使う経費
　　（例）家賃、電気代
・浪費…ムダ遣い
　　（例）不要な飲み代、分不相応の事務所家賃、働かない社員の人件費

◆投資の経費の見極め

　投資の経費を削ってしまえば、短期的には利益が上がるかもしれませんが、将来的な利益を失ってしまう可能性があります。
　使用した経費が、投資、消費、浪費、のどれに当てはまるのか考えましょう。削る経費の大半は、消費と浪費のいずれかです。

　投資の経費も、今後の事業展開の中でその投資効果発揮の見込みが薄い、または投資効果が見込めない経費であれば大胆に減額・削減していきます。
　それを見極めるためには、どこまで費用対効果があるか、経費を1つひとつ見ていきましょう。
　例えば、広告費では、その広告によりどれだけの売上・利益が上がったのかを計算します。

また、1つひとつの経費はそれぞれ本当に必要なのか、もっと安くできないか、徹底的に考えましょう。
　例えば、営業マン1人ひとりに携帯電話を支給し、通信費を会社で払っていたとします。その場合、次のような項目を確認し、徹底的に経費削減を追求していきます。

・そもそも営業マンに携帯電話を支給することが必要なのか
・必要なら、携帯電話の料金プランは適正なのか
・私用の通話をしていないか（通話記録を取り寄せて確認）

　このようなことを行って、はじめて経費削減した、といえます。

◆経営者自身が「経費管理表」を作る意義
　経営者自ら経費管理表を作り、いかにムダな経費を使っているかを経営者が実感することが経費削減の第一歩となります。
　経営者と社員では経費への感覚が大きく異なります。
　経営者が、「自分イコール会社そのもの」と考えているのに対して、社員は、「勤めている会社は給料を稼ぐための手段」と考えているからです。
　社員は、経費を積極的に削減しても給料はほとんど変わりません。そのため、ムダな経費を発見して削減することにそれほど熱心にならないのです。
　だからこそ、経営者自ら、自分の会社がどれだけムダな経費を使っているか経費管理表で実感することが有効なのです。経費管理表を見ると、いかに自社がムダな経費を使っているのかわかります。
　ムダな経費を削ることを経営者自らが実践し、また社員に対しても経営者が呼びかけ、社員への目を光らせることにより、ムダな経費は

なくなっていきます。

◆経費管理表の作り方

別表3（238ページ）を見ながら、次の項目を入力していきます。

- 「勘定科目」欄…決算書での勘定科目を入力
- 「内訳」欄…勘定科目内での内訳を入れる。特に決まった基準はない。経営者が分析しやすいように内訳を考える
- 総勘定元帳を見て、月ごとに経費を分類して数値を入力
- 経費の「予算」「実績」「差異」「ムダ」の数値を入力
  - →予算…この月にそれぞれの経費をいくら使うか
  - →実績…実際に経費が使われた実績数値
  - →差異…実績から予算を引いたもの
  - →ムダ…経営者が考えてムダな経費だと思った金額

◆経費管理表の「ムダ」

ここで重要なのは、「ムダ」とは、予算とは関係ないものです。

別表3（238ページ）の経費管理表の例では、平成28年7月時点の「広告宣伝費」の「雑誌広告」が次のようになっています。

- 予算 600,000 円
- 実績 570,000 円　　予算内に収まってはいるが…
- ムダ 350,000 円

予算より実績数値が少なくても、実績の57万円のうち、ムダな経費が35万円あったと考えれば、それは「ムダ」欄に計上するのです。

広告代理店に勧められるまま、社内で検討もせず出稿した場合、その広告効果がほとんどなかったとしたら、経営者は、

「もっとしっかり検討しておけばよかった……」

と後悔することになります。その広告は社内でしっかり検討されていれば出稿されることはなかったとしたら、その広告はムダな経費です。
　その広告費が35万円であれば「ムダ」欄に35万円を記載します。

　このように、経営者が1つひとつの経費を見て「こんな経費、使わなくてよかった」と考える経費を抜き出し、合計したものを「ムダ」欄に記載するようにします。

（4）人件費見直し

　経費削減において、考えなければならないのが人件費です。資金繰りが厳しい会社は、その多くが事業で赤字を出している状態ですが、たいてい大きな負担になっているのが人件費です。
　人件費は、給料だけではなく会社負担分の「法定福利費」「通勤費」なども含みます。

　さらに赤字の会社の実態を見ていくと、人件費に見合った売上が上がっていないのです。社員が、人件費以上の利益を会社にもたらしてくれていない、という状況です。ただ人件費が負担だからと、社員をむやみに辞めさせるのはよくない方法です。会社の売上に大きく貢献

している社員まで辞めさせたら、売上が激減し、人件費削減以上のマイナスとなってしまいます。本末転倒です。

◆社員各個人の役割を見る

ではどうすればよいでしょうか。人件費を「全体」で見るのではなく、「個々」で見ることです。

社員1人ひとりを見てみると、支払っている人件費の何倍もの利益をもたらしてくれている社員もいれば、そうでない社員もいます。

また、会社がその社員に求める役割によっても違ってきます。

・営業の社員→どれだけの売上や粗利益を稼いでくれているか
・総務部門の社員→スムーズな運営にどれだけ寄与してくれているか
・管理職（例えば営業チームの管理職）
　→チームをまとめてどれだけの売上や粗利益を、その管理職が機能
　　することによってもたらしてくれているか

このように、会社がその社員に求める役割ごとに、異なる観点で見なければなりません。

◆社員各個人がもたらす利益を見る

次に、1人ひとりの社員別に、その社員の人件費と、その社員が会社にどれだけの利益をもたらしてくれているのかを見ます。

・営業社員→どれだけの売上・利益を稼いでいるか
・総務部門→稼いでいる売上・利益金額を算出することは難しいが、
　会社にとってどれだけ必要不可欠な存在となってくれているのか
・営業チームの管理職→営業チームをまとめることによってどれだけの

売上・利益に貢献してくれているのか

　以上のような視点で見て、人件費の何倍もの利益をもたらしてくれる社員であれば、問題ないでしょう。

◆赤字社員の対策
　問題は、人件費に見合った利益を会社にもたらしてくれていない社員です。その社員は「赤字社員」です。赤字社員の存在が、会社に赤字をもたらします。

　赤字社員をどうするかが、毎月利益を上げられる会社になるための大きなポイントです。
　赤字社員に対してとる対策は、次の２つのどちらかです。

・人件費以上のリターンをもたらす「黒字社員」になるようにする
・辞めてもらう

　そもそも赤字社員はなぜ赤字か、次の３つの原因が考えられます。

①現在のその社員の職務が、その社員の能力と合っていない
　　→ミスマッチの問題
②その社員が会社に大きく貢献しようと仕事をしていない
　　→社員の努力不足の問題
③会社に貢献しようとするものの、いかんせん能力不足である
　　→社員の能力不足の問題

　なぜその社員が赤字社員なのか、①②③の中から原因を考えれば、

その社員を黒字社員にする道が見えてきます。

◆赤字社員対策 - ①ミスマッチの問題
　ミスマッチの問題があれば、配置転換でその社員が利益に貢献できるようにしていきます。
　例えば、一般の営業社員で優秀な成績を収めた社員を、その実績から営業社員をまとめる管理職に昇格させたものの、管理職としては力を発揮できないことがあります。その場合、営業としては能力が高くても管理職としては能力が足りないのかもしれません。降格にはなるものの再び一般の営業社員とすることによって力を発揮してもらうことが考えられます。

◆赤字社員対策 - ②努力不足の問題
　社員の努力不足の問題があれば努力をさせるようにします。
　例えば、飛び込み訪問による営業が主体の会社であれば、その社員が1日10件訪問していた場合、20件訪問させるようにします。
　単純なようですが、このようなことで黒字社員に変わっていくことは多いものです。

◆赤字社員対策 - ③能力不足の問題
　社員の能力不足の問題があれば、能力がつくように勉強させたり、実践の中で試行錯誤させたりします。
　例えば、成績がよくない営業社員を、優秀な営業社員のかばん持ちとして一緒に行動させることにより、優秀な営業社員が何をやっているか、どういうことを考えているか、を見せて成績向上のきっかけを作るようにします。

以上のような取り組みにより、赤字社員が黒字社員へとなる見込みがあれば、辞めてもらうよりも、その社員が早く黒字社員になるよう取り組んでいきます。
　しかし、配置転換を拒否したり、努力を拒否したり、勉強をしなかったりと、その社員が黒字社員になるような対策を否定するのであれば、辞めてもらうしかないでしょう。
　赤字社員のままでは、その社員は永遠に、会社に対し赤字しかもたらさないのですから。

◆人件費の見直し例

　ある人材派遣業の会社は、売上に対して人件費が高すぎる状態でした。毎月の売上が800万円、粗利益300万円に対し、人件費が400万円かかっていたのです。他の経費が100万円として、毎月200万円の赤字の垂れ流し。

　ちなみに人材派遣業は、派遣社員に対する給与は売上原価としているところが多いです。
　この会社は、売上800万円に対し派遣社員に対する給与が500万円あって、粗利益が300万円、ということです。そして派遣社員以外の経営者や総務、営業社員の分の人件費が400万円ありました。そのうち300万円は、営業社員に対する人件費でした。
　営業社員に300万円払っていて、その社員たちが300万円しか粗利益をもたらしてくれていないのであれば、とても会社経費はまかなえず、会社は赤字となってしまいます。

　営業社員は10人いたのですが、次ページの表のような状態でした。
　人件費のうち300万円は、営業社員に対する人件費です。

社員	人件費	もたらす利益		評価
社員A	40万円	90万円	→	黒字社員
社員B	40万円	50万円	→	トントン
社員C	35万円	20万円	→	赤字社員
社員D	30万円	60万円	→	黒字社員
社員E	30万円	10万円	→	赤字社員
社員F	30万円	15万円	→	赤字社員
社員G	30万円	15万円	→	赤字社員
社員H	25万円	40万円	→	黒字社員
社員I	20万円	0円	→	(入社1ヶ月目)
社員J	20万円	0円	→	(入社1ヶ月目)
(合計)	300万円	300万円		

　営業社員に300万円払っていて、もしその社員たちが300万円しか粗利益をもたらしていないのであれば、とても会社経費はまかなえず、会社は赤字となってしまいます。

　より詳しく見ていくと、この会社の営業社員は、10人おり、上図のような状態です。

　営業社員が、人件費と同じぐらいの粗利益を稼いでくるだけでは、会社の経費までまかなえなくなりますので、人件費より多くの粗利益を稼いでもらう必要があります。

◆**赤字社員への対策例**

　黒字社員である社員A・社員D・社員Hでも、より多くの粗利益を稼いでもらうにはどうすればよいか、考えていく必要があります。

　何よりも、この会社の大きな問題は、赤字社員が多いこと。

　なぜ赤字社員が稼いでくる粗利益が少ないのか。

・努力不足→（例）1日に30社回れるところを10社回って、
　　　　　　　　あとはどこかでさぼっている
・能力不足→（例）1日に30社回るように努力しているものの、
　　　　　　　　営業力がない

　努力不足であれば、1日に30社回るように義務づけ、成果を出してもらうしかありません。
　能力不足であれば、黒字社員であるAやDに同行させて営業のスキルを徹底的に学ばせることが考えられます。こうやって2〜3ヶ月、赤字社員が黒字社員に変われるか、見ていきます。

　変われなかったり、変わろうとしなかったりすれば、その会社に社員は合わないと考え、別の仕事を探してもらうしかないでしょう。
　なお新入社員は、はじめは売上は期待できませんが、いつまでに黒字社員に変わってもらうか、決めておかないといけません。

（5）足を引っ張る原因のあぶり出しと改善

　毎月の損益が赤字であったり、黒字でも少額しかないのであったりすれば、足を引っ張っている原因があるはずです。
　それが何なのかを「案件ごと」「営業マンごと」「店舗や事業所ごと」「部門ごと」の4つの観点で利益が出ているかを分析し、改善を進めていきます。

①1つの案件ごとに、どれだけ利益が出ているのか

　建設業は1件の工事ごと、システム開発業であれば1件の開発ごと

に、利益を計算します。このように1件の案件ごとに利益を計算できる事業を行っているのであれば、赤字の案件がないかを見ていきます。

なお、見込み客に見積りを出すにあたっては、原価がどれだけかかるかを計算して、そこに利益を乗せて見積りを提示します。

大事なことは、案件が終了したら、見積り時に計算した利益に比べて実現した利益はどれだけあるか、比較して振り返ってみることです。

例えば建設業では、顧客から追加工事を要求された時に、追加金額をもらわずに受けてしまえば、一方で材料費や外注費、社員への給与が増えるため利益は少なくなり、下手をしたら赤字になります。

この場合は必ず追加金額を顧客へ要求しなければなりません。また見積り時の原価の見積りが甘いため、実際に思ったより材料費や外注費、給与がかかってしまったりします。必ず振り返りをし、次に生かしていくことが重要です。

◆ある建設業の例

ある建設業の例ですが、4ヶ月で合計8,000万円の売上となる工事で、6,000万円の材料費・外注費・給与を差し引くと、2,000万円の利益になる工事を受注しました。

その工事は施主の元請けの下請けとして入りましたが、元請けが追加工事を依頼してきても先に金額交渉しないままで追加工事を進めたため、あとで追加金額の交渉をしても話を聞き入れてもらえなかったのです。

一方で外注先の社員が途中で辞めて工事が円滑に進まず追加の外注が入るなど追加経費がかかり、見積り段階の計算では2,000万円の黒字の予定が、結局は500万円の赤字を出してしまいました。

この痛い経験をその後の工事に生かすようにしたところ、次の工事

からは見積り段階とほぼ変わらない利益を得られるようになったそうです。

②それぞれの営業マンごとに、どれだけ利益が出ているのか

　卸売業、事業者向けの販売業、リフォーム業など、営業マンの営業活動により売上が左右されやすい事業もあります。

　その場合は、それぞれの営業マンごとに、どれだけの売上、粗利益が出ているのかを計算しましょう。

　重点的に見るのは売上高でなく、粗利益です。営業マンが安売りをして粗利益が少なくなれば、会社の利益は少なくなります。

　さらに、それぞれの営業マンに支払っている人件費を計算します。そうすると、それぞれの営業マンが給料に見合った稼ぎをしてくれているのか、それとも給料に見合った稼ぎをしてくれない赤字社員なのか、わかります（詳しくは、53ページ参照）。赤字社員に対し、黒字社員になれるように指導していきます。

③１つの店舗や事業所ごとに、どれだけ利益が出ているのか

　飲食店や小売業など、店舗ごとの損益が明確にわかる事業であれば、店舗ごとの損益を出すようにします。また事業所が複数あり、それぞれ独立で利益を稼いでくる会社であれば、各事業所の損益を計算します。

　会計ソフトには「部門別会計」という機能がついています。部門別の仕訳入力を行うことにより、各店舗や各事業所の損益を出すことができます。

　そうすると、どの店舗や事業所が赤字であるのかわかります。

　その店舗や事業所の赤字を黒字に転換できるよう、集客・営業の強化、値上げや原価削減など粗利率向上策、経費削減を行っていきます。

それで黒字になればよいですし、赤字が止まらないのであればその店舗や事業所は撤退するようにします。その場合、経営者は、

「今までこの店舗に2,000万円投資してきた。また撤退費用で500万円いる。だから撤退できない……」

と渋りがちですが、毎月赤字を垂れ流すだけの店舗や事業所であれば、その後、会社にどれだけの損失をもたらすのでしょうか。
　そう考えて、思い切って撤退するようにします。

④1つの部門ごとに、どれだけ利益が出ているのか
　複数の事業を行う会社であれば1つの部門ごとに、どれだけ利益を出しているのか計算します。
　資金繰りが厳しい会社を見てみると、やらなくてもよい事業をやっているケースをよく目にします。
　建設業が別事業で飲食店をやったり、運送業が別事業で消費者向け新商品の開発をやったりなどです。それで儲かっていればよいのですが、多くのケースではその別事業で赤字を出し続けています。
　ひどい場合は経営者が別事業にばかり自分のエネルギーを注ぎ、本来の事業の売上が落ちて赤字を出してしまっているケースもあります。

　経営者、特に創業経営者であれば、事業意欲が旺盛であり、次から次へと新しい事業に手を出したくなるものです。
　本来は、本業で十分に利益が出ていて、その利益の中から新しい事業に投資するのがあるべき姿です。
　本業もうまく回っていないのに、新しい事業に手を出すべきではありません。

銀行が本業の運転資金のために出した融資を、新しい事業に流しているケースもよく目にします。
　この場合、本業に対しての融資は十分に受けられないことになり、本業の足を引っ張るでしょう。

◆赤字部門をあぶり出したあとは、撤退、損切りを考える
　またこれらのようなケースまでは行かなくても、複数の事業が社内に存在し、資金繰りが厳しい会社であれば、足を引っ張っている赤字部門があるはずです。
　その赤字部門がどれなのか、またその部門では毎月どれだけ赤字があるのかを見るために、会計ソフトの部門別会計の機能を使って各店舗や各事業所の損益を出すようにします。
　赤字部門は、黒字に転換するための対策をとっていきます。黒字化が不可能であればその部門から撤退するようにします。

撤退——。
「1年やってきた事業だから、今さらあとに引けない」
「これまで3,000万円つぎ込んできた事業だから、今さら撤退できない」

　経営者の感情は、このようになりがちです。
　しかしその事業を継続してしまうと、今後どれだけの赤字を会社にもたらすのでしょうか。思い切って撤退するようにします。これを、「損切り」といいます。

　株式売買を行う人であれば、1株500円で買って、そこから400円に下がって、それでも「いつかは上がるはずだ」となかなか売れない経験をしたことがあるのではないでしょうか。

しかしそれで株を持ち続ければ、さらに株価が下がり、損失はふくらみます。そうならないよう、これ以上の損失を防ぐために思い切って損切りします。
　赤字事業をたたむことは、それと同じことです。

Chapter 5

売掛金の回収を徹底的に行う

5-1 売掛金の回収を徹底的に行う

　資金繰りが厳しい会社を見ると、「売掛金の回収が甘い」ケースをよく見ます。
　いくら経営改善を行って毎月利益が上がるようになっても、売掛金が回収できなければ、その分マイナスですので、実質的な利益は赤字ともなりかねません。当然、資金繰りに大きな影響が出ます。
　その売掛金が回収になってはじめて売上を上げた意味があります。売掛金の回収は徹底しなければなりません。
　売掛金の回収が甘い企業は、具体的には、次のとおりです。

・売掛金回収への対応がずさん
・売上が計上されない、不正が行われている
・売掛金回収までの期間が長い
・売掛先にあとから値引きをいわれる
・前受金・着手金をもらおうとしない

　次項より順番に見ていきましょう。

5-2 売掛金回収への対応がずさん

◆**売掛金の管理ができていない会社の特徴**

売掛金の回収がずさんな会社とはどのような状態でしょうか。

例えば、6月30日に支払期日となっていた売掛金があるとします。その入金がないまま、7月10日になっても売掛先に連絡することなく放置している会社であったり、ひどい場合は、その未回収の事実さえも把握していない会社があります。

◆**支払いを遅らせてくる売掛先の実態は……？**

逆に売掛先では、この時何が起こっているのか見てみましょう。

私が資金繰り改善コンサルティングを行っている会社では、資金繰りが厳しくなって買掛金の支払いを遅らせることはよくあり、その際、買掛金の支払いの優先順位をつけます。

どの買掛先を優先して支払い、どの買掛先の支払いを遅らせるか。優先順位づけの判断材料の1つに、「それぞれの買掛先がしつこく督促してくるかどうか」があります。

しつこく督促してくる先へは優先して支払い、何もいってこない先への支払いはあとにします。

このように支払期日に支払ってこない売掛先は、しつこく督促してくる先には優先的に支払っていることがわかります。

支払期日に支払ってこない売掛先が、もし資金繰りが厳しい状態になっていれば、あなたの会社がしつこく督促しない限り、支払いの優先順位が後回しにされてしまうのです。

◆支払期日までに売掛金が入金されない理由
　売掛先からの売掛金入金が支払期日に入ってこない場合、その売掛先はなぜ支払ってこないのか。次の２つの理由があります。

・単に忘れていた
・その売掛先自体の資金繰りが厳しい

　１つ目の理由であればよいのですが、２つ目「売掛先の資金繰りが厳しい」場合、あなたの会社は一刻も早く、売掛金の督促を行って回収を図らなければなりません。

◆督促をしないでいると「貸倒れ」のリスクも
　資金繰りが厳しい売掛先においては、督促をしてこない買掛先へは支払いをしたくありません。なぜなら支払いの優先順位づけをして支払いをしなければ資金繰りが回らないからです。
　未入金の状態をあなたの会社が放置し続ければ、売掛先では、

「あそこの会社は、支払いをしなくても何もいってこないから、次の支払いも行わないでいい」

と判断されかねません。
　毎月、売上が上がる売掛先であるほど、未入金の状態を放置し続ければ、未回収の売掛金はどんどん増えていきます。

また、資金繰りが厳しい売掛先は、「倒産に近い売掛先」ともいえます。未回収の売掛金が増えていけば、あなたの会社の資金繰りがどんどん厳しくなっていきます。そしてその売掛先が倒産した時、回収は困難となり、大きな「貸倒れ」が発生してしまいます。

◆「売掛金回収」はもっと重要視するべき

　売上を上げることに比べて、売掛金の回収は、損益に関係ないため軽視されがちです。

　発生主義の会計では、商品を納入したり、サービスを提供した時点で売上として計上されます。そのため、売掛金を回収していない状態でも売上は上がり、利益は上がってしまうのです。

　売掛金が未回収であっても、発生主義の会計では損益に影響はしません。そのため、売掛金の回収状況をきちんと管理しておかなければ、見過ごされてしまいがちになるのです。

◆売掛先への回収対応

　では、67ページのように、「6月30日が支払期日となっている売掛金」がある場合、どのように回収へ入ればよいでしょうか。

6月30日夕方以降に、銀行口座に入金されているかをチェック

インターネットバンキングでチェック
　（通帳に記帳するだけではチェックが遅れてしまう）
　　↓
もし入金となっていなかったら売掛先にすぐに電話を入れる
　「本日お支払いいただく予定でしたが、どうなっていますか」

Chapter 5　売掛金の回収を徹底的に行う

これだけでも売掛先は「ここはうるさいから、期日にきちんと支払いをしなければ」と思うものです。

◆売掛先の返答への対応
　実際に6月30日に支払いがなく、売掛先に電話を入れてみて、次のような返事があった場合には、それぞれ対応が異なってきます。

・「1、2日後に支払う」
　……支払い手続きをただ忘れていたと考えてよいでしょう。

・「7月10日なら支払える」
　…1、2日後の支払いではない場合、売掛先において何が起こっているのでしょうか。7月10日に入金される現金を使って支払いができる状態と考えられます。つまり、その売掛先の資金繰りはぎりぎりの状態ということです。

　売掛先の資金繰りがぎりぎりな場合に重要なのは、必ず、「〇月〇日に支払うよう約束させる」ことです。
　約束された日の夕方には、銀行口座に入金があったか必ずチェックします。売掛金の入金がなくても気づかなければ、売掛先に督促をかけることもできません。
　そうなると当然、今度はあなたの会社の資金繰りが悪化してしまいます。

◆売掛金管理表を使って回収状況を把握する
　売掛金の回収管理を行うためには、売掛先ごとに、売掛金管理表（別表4・240ページ）を作って管理します。

会計ソフトには「売掛金台帳」があり、それを使って管理することもできますが、会計ソフトに仕訳を入力してからでないと管理できないため、どうしても未回収の発見が遅くなってしまうのです。
　そこで、「売掛金管理表」で管理するようにします。
　どんなに小さな売掛金でも、売掛金管理表で管理します。小さな売掛金もまとめると大きな金額になります。小さな売掛金も管理できないようであれば、大きな売掛金など管理できるはずもありません。

◆売掛金回収のマニュアルを作る
　売掛金が支払期日までに入金がなかった場合、どのように動くかは、以下のように詳細なマニュアルを作っておきましょう。

売掛金回収マニュアルの例

・毎日16:30に、経理係が売掛金入金状況をインターネットバンキングでチェック
・入金がない場合、経理係から該当売掛先の営業担当へ、メールもしくは電話で、入金がない旨を伝える

↓

・営業担当は当日中、遅くても翌日午前中に該当売掛先に売掛金の入金がない旨を連絡し、いつになるかを聞く
　（本来の支払期日の遅くとも10日後まで）
・10日後までの入金を約束されなかった場合、営業担当は上司を連れて、売掛先に訪問する

↓

・遅らせた支払期日にも入金がなかったら、営業担当は上司を連れて、再度売掛先に訪問する

↓

- 営業担当と上司が連携して、早期に回収するよう努める
- 内容証明郵便の活用、顧問弁護士への相談も考える

- 支払期日が過ぎて1、2日後の入金を約束されなかった売掛先は、資金繰りが厳しい状態が推測される
- 営業担当は上司と相談し、今後の、その売掛先との取引の縮小、解消を検討する

◆常日頃から売掛先に意識を置く

　このようなマニュアルを作っておくと、売掛金が回収できなかった場合すぐに対応できます。

　また売掛金の貸倒れの発生を防ぐために、得意先の業績や資金繰り状況を常に観察しておくことは重要です。売掛金や受取手形の残高を増やしすぎないように、得意先1件1件の「与信限度額（売掛金・受取手形の残高は限度額以上増やしてはならないという限度額）」を決めておくようにします。

　得意先の不穏な動きを察知するために、どのようなことをチェックするか、社内で話し合ったり、勉強会を開いたりして社内の意識を高めておくことが重要です。

　売掛金の回収は、体制作りと心掛けで、しっかりしていくものです。

5-3 売上が計上されない、不正が行われている

◆売上が計上されていないケース

せっかく売上が上がっても、その売上が社内で計上されずに請求書が売掛先に送られていなかったり、社内で不正が行われていたりするケースがあります。

前者でよくあるのが次の2つです。

・営業担当者が売上の報告を忘れていた
・担当者と経理係の連携がうまくとれていない

会社の問題としては、営業担当者から上司や経理係への報告漏れが発生するなどの「体制上の問題」が考えられます。

漏れを防ぐための社内のチェック体制ができていなければ、売上を上げても請求書は送られず、当然、会社の資金繰りに影響が出ます。

同一得意先に6ヶ月も請求書が送られていないという製造業のケースを目にしたことがあります。売掛先としては、請求書が送られてこなければ支払いはしません。どれだけ会社に損失があるのか考えてみるとおそろしいものです。

売上は全て把握できているか、社内の営業担当者の動きは日々の日報などで全て把握できているか、社内を見てみてください。

次に、社内で不正が起こりやすいケースを見てみます。
・1人の社員による得意先とのやりとりで全ての取引が完結する事業の場合
　　…会社としての取引とは別に社員個人がその得意先と勝手に取引を行い、個人でその売上を受領している
・行商のように社員それぞれが商品を持って得意先を訪れる事業の場合
　　…社員が売上を上げた代金を現金で回収して会社に報告しないで自分のものとする
・在庫の入荷出荷を日々管理していない会社の場合
　　…社員が在庫を横流しして売上は社員個人で受け取り自分のものとする
・営業社員が得意先と親しい場合
　　…営業社員が得意先からわざと安い金額で受注を受け、安くした分のいくらかをその得意先から営業社員へバックしてもらう。
　例えば、本来なら500万円の受注となるべきものを300万円で受注し、安くしてもらった200万円の中から100万円を得意先はその社員へバックする

◆不正を防ぐためには

　社員の不正は、頻繁に起こります。中小企業では、大企業と比べて内部管理は甘くなりがちです。
　さらに資金繰りが厳しい会社は損益が赤字であることが多く、そのような会社の経営者は、社員に対しても甘い傾向にあります。そこを社員につけ込まれるのです。
　不正を防止するためにはどうしたらよいか。
　得意先との関係を、営業担当者だけに任せずに、その上司や社長も得意先との関係を築けるようにすること、就業規則や社内の規則などで社員は何をしてはいけないかを明記し、社内教育を徹底することなどが考えられます。

5-4 売掛金の回収までの期間が長い

◆**回収サイトはできる限り短くする**

　年商が1億2,000万円、月商が1,000万円の会社で、売掛金の回収期間、つまり「回収サイト」が平均2ヶ月であれば、売掛金は2,000万円となり、回収サイトが平均1ヶ月であれば売掛金は1,000万円となります。

　例えば売掛先が全て月末日締切翌月末日入金であれば、回収サイトは1ヶ月となり、年間を通して平均の売掛金は1,000万円となります。

　売掛金は、自分の会社が資金を立て替えている状態です。そのため、売掛金が多いと保有する現金は少なくなります。

　回収サイトが2ヶ月であるのと、1ヶ月であるのとでは、この会社での売掛金の差は1,000万円。回収サイトが長ければそれだけ保有する現金は少なくなり、資金繰りが厳しくなります。

　売掛先からの回収サイトを短くすることは、資金繰りの改善につながります。

◆**回収サイトを短くする交渉**

　回収サイトを短くするには、新規取引先との取引を開始するにあたって、回収サイトが短くなるようにはじめから交渉をすることが重要です。

　希望の回収サイトが2ヶ月といわれても、そのまま受け入れてはい

けません。いったん受けた回収サイトをあとになって短くするのは困難だからです。

　反対に、売掛先から「今、(売掛先から見て)支払サイトは1ヶ月であるが、それを2ヶ月に延ばしてもらえないか」と交渉されることがあります。
　そのような売掛先に何が起こっているのか、第一に考えられるのは、その売掛先の資金繰りが厳しくなっているということです。
　回収サイトを延ばす交渉をされても、簡単に受け入れてはいけません。人がよい社長はそれを受け入れ、逆に自分の会社の資金繰りを厳しくします。
　そのような売掛先は資金繰りが厳しい状態ですので、その後、取引を縮小、解消することも考えなければなりません。

5-5 売掛先にあとから値引きをいわれる

　ある下請けの建設業では、元請けからいつも値切られます。
　400万円の売上が発生し、元請けへ請求書を送ったにもかかわらず、出来高計算の認識の違いから40万円引かれ、工事の手直し代の名目で20万円引かれ、材料代の名目で60万円を引かれ……、結果、280万円しか支払われない――。
　このようなことが毎月行われ、その会社は資金繰りが厳しくなってしまっています。

　請求書を送っても額面通りに支払われないケースはよくあります。そのような取引の原因はいくつか考えられますが、それぞれしっかりと対策をとることが必要です。

・口約束で金額を決めて、あとからいったいわないでもめる
　→書面（発注書や契約書）を交わす
・経営者がお人好しで売掛先からなめられて勝手に値引きされる
　→毅然とした態度でクレームをいう、業界の法律（下請法や建設業法など）に熟知し、弁護士にも相談する

　その売掛先自体の資金繰りが厳しいために、難癖をつけて値引きをしてくる、というケースも多いものです。売掛先との取引の縮小・解消も考えてみる必要があります。

5-6 前受金・着手金を もらおうとしない

◆長い期間にわたって売上が上がる事業の場合

　建設業やシステム開発業など、売上の対象となるものの着手から完成までの期間が長い事業であれば、その間に材料費や外注費、給料などの支払いが多く発生し、資金繰りが厳しくなります。

　また売掛金が大きくなる分、貸倒れのリスクが高くなります。

　そのため、「前受金」「着手金」、また「中間金」で一部を先にもらえないか、交渉してみましょう。

　これらは、交渉しなければ、得意先からはなかなか提案してくれるものではありません。自ら交渉していくようにします。

5-7 売掛先の倒産による ダメージを抑える備え

　売掛先が倒産し、売掛金が回収できなくなると、資金繰りが厳しくなります。そうならないよう、日々、次の2つの対策をとっていかなければなりません。

（1）売掛先の業績や資金繰りを観察
（2）得意先を分散させる

（1）売掛先の業績や資金繰りを観察

　売掛先の資金繰りが厳しくなっていれば、その売掛先は倒産に近づいているといえます。それはどうやって見分ければよいでしょうか。

・あなたの会社への支払いが遅れるようになってきた
・（売掛先から見て）支払サイトを長くしてもらえないか頼んできた
・請求した金額からやたら値引きをしようとする

　これらの現象が起これば、その売掛先の資金繰りが厳しくなってきたと考えて間違いありません。上記の現象がなくても、いろいろな手段で日ごろからチェックする必要があります。

・興信所会社から情報を仕入れる
　（「帝国データバンク」や「東京商工リサーチ」など）

・業界の仲間からうわさを聞く
・売掛先の社長や担当者の日々の言動や行動で、何かおかしいところがないかを観察する

　資金繰りが厳しくなった会社の社長は、資金繰りのために、資金調達や支払いを延ばす交渉などに追われることになります。
　そのため、今まではよく来ていた社長が来なくなったり、事務所でよく見かけていた社長を全然見なくなったりしたら、資金繰りが厳しくなっているのではないかと疑うようにします。
　売掛先の資金繰りが厳しいと思われるのであれば、その売掛先との取引の縮小・解消を検討します。

　既存の売掛先だけでなく新規の取引先との取引開始時にも、同様に気をつけるようにします。
　特に、新規の取引先との取引開始のきっかけが、こちらからではなく向こうからのアプローチであれば、他の会社に取引を断られたから、アプローチしてきたとも考えられます。

　はじめから大きな取引を要求されるのであれば、「取り込み詐欺」、つまり後払いで大きく商品を仕入れ、仕入代金を支払わずに商品を売って得たお金を持って逃げてしまう、ということも考えられます。
　新規の取引先の信用状況もしっかりと見るようにしましょう。

（2）得意先を分散させる

　どの得意先に対して、いくら売上を上げているか、ここ1年間の「得意先別売上」を見てください。

1社1社への売上が、全体の売上の中でどれだけのシェアをそれぞれ占めているか、次の2つの会社のパターンを見てみましょう。

パターン1

A社	85 %
B社	7 %
C社	4 %
その他	4 %

パターン2

A社	15 %
B社	11 %
C社	8 %
その他	66 %

パターン1の会社では、売上の多くが、A社に偏っています。

一方でパターン2の会社では、売上が複数の得意先に分散されています。

リスクが高いのは、パターン1の会社です。85％の売上を占めるA社が、もし倒産したらどうなるでしょうか。85％の売上が以後、消滅することになります。

それに加えて、A社が倒産した時点でA社に対する売掛金や受取手形は大きくなってしまいます。大きく、引っ掛かってしまいます。そうなると、この会社自身も倒産の危機に陥ることでしょう。

◆得意先との取引がなくなるリスクも考える

A社が倒産しないでも、A社が突如、取引を打ち切ると通告してきたらどうでしょう。

例えばパターン1の会社は製造業で、A社の下請けであるとします。A社が、製造は内製化する方針に切り替わったらどうでしょうか。

A社が海外に工場を作り、そこで製造することになったらどうでしょうか。そうすると、この会社はもう立ち行かなくなります。

そこまでいかなくても、A社が価格をたたいてくるとします。

パターン１の会社はＡ社に売上の大部分を依存しており、立場はどうしても弱くなります。
　Ａ社からの価格値下げ要求を拒否しようとしても、Ａ社からは、それなら別の会社に頼む、といわれかねません。Ａ社の仕事がなくなってしまえばもうこの会社は立ち行かなくなるため、価格値下げの要求を飲まざるをえないでしょう。

　このように、売上を１社に依存すると、会社経営のリスクはとても高くなります。
　あなたの会社がパターン１のような状態であれば、新規取引先の開拓を図っていくべきです。得意先の分散の必要があります。

5-8 売掛金が回収できなくなった時

◆売掛金の未回収への対策

　売掛先の資金繰りが厳しく、支払いを遅らせる交渉をしてきた場合、その売掛先との今後の取引を止めて、これ以上の「売掛金未回収」を起こさないようにすることが、対策として考えられます。

　しかし、前述したように、全体の売上に対するその売掛先への売上比率が高かったりすると、簡単に割り切れるものではありません。そういって取引を継続し未回収の売掛金がどんどんふくらんでしまうケースをよく目にします。

　結局その売掛先が倒産してしまったら、大きな金額が引っ掛かってしまうことになるのです。

◆銀行への運転資金融資の申し込み

　このように、売掛先が倒れ、実際に売掛金が引っ掛かってしまったら、どうしたらよいでしょうか。

　この場合、入ってくるはずの現金がゼロになるのですから、資金繰りは悪化することになります。とすると、第一に考えられる策は、銀行に運転資金の融資を申し込むことです。

「取引先のＡ社が倒産して2,000万円引っ掛かってしまいました。その分、融資してください」

ただし、そういって融資を申し込んでも、銀行側としては審査はなかなか通しづらかったりします。
　では、どうすればよいのでしょうか。
　売掛金が引っ掛かったことで一時的に赤字が出ても、今後の経営改善により業績がもとに戻ることを「経営計画」で示して交渉するようにします。

　それで審査が通らなければ、それこそ資金繰りの危機です。この場合、資金繰りをもう一度組み立てて、対策をとっていかねばなりません。
　銀行返済が大きく負担となるのであれば、銀行に返済金額の減額や猶予、いわゆるリスケジュールの交渉を行います。
　それでも資金繰りが回らなかったり、すでにリスケジュールを行っていたりすれば、買掛金や経費、税金や社会保険料などの支払い計画を見直して、どうにか資金繰りが回る状態を作っていきます。

◆貸倒れのための救済制度
　ちなみに売掛金が引っ掛かった場合の備えとして、「経営セーフティ共済」があります。
　経営セーフティ共済は、「倒産防止共済」ともいい、得意先が倒産した場合、その貸倒れの範囲内で、掛け金の10倍までの融資を受けられるものです。
　なお掛け金は毎月 5,000円〜20万円で、掛金総額 は800万円が上限です。

Chapter 6

資金繰り表を使って、資金繰り管理を行う

6-1 資金繰りの管理

今までの章では、次の順番で資金繰りの改善の具体策を講じてきました。

・毎月の損益がわかるようにする
・経営改善を行って毎月利益が上がるようにする
・売掛金の回収を徹底的に行う

ここからは、実際の資金繰り管理の方法を知って資金繰りを目に見えるようにし、資金調達や支払いを遅らせることを考えていきます。

資金繰り表には、「月次資金繰り表」(別表5・242ページ)と「日次資金繰り表」(別表6・244ページ)とがあります。

この違いは、1ヶ月単位で資金繰りを見るか、それとも1日単位で資金繰りを見るかです。

通常の会社では月次資金繰り表だけを作ればよいですが、資金繰りが厳しい会社であれば、1ヶ月の中の特定の日に、資金不足に陥る日が出てきます。1ヶ月単位の資金繰り管理だけでは足りず、日次資金繰り表で、1日単位の資金繰りを管理する必要があります。

月次資金繰り表では向こう6ヶ月～1年、日次資金繰り表では向こう2～3ヶ月の資金繰りを予測していきます。

6-2 月次資金繰り表の作り方

◆重要なのは「現金残高」

　ここからは、月次資金繰り表（別表5・242ページ）を見ながら読み進めてください。

　月次資金繰り表による資金繰り管理で最も重要なことは、月末に現金残高がいくらあるかです。なお現金と預金を足した残高をまとめて「現金残高」と呼びます。各月末の現金残高は「次月繰越」の行を見ればわかります。

　現金残高がマイナスとなる月があれば、その月末では資金が不足する状態になります。それがマイナスとならないよう、早い時期から対策をとらなければなりません。

◆資金繰り表の「実績」

　資金繰り表には「実績」と「予定」が掲載されます。

　実績とは、過去の月の資金繰り実績のことです。それを見ることによって、過去、どのように資金繰りが回ってきたのか、次のようなことがわかります。

・赤字で現金が足りなくなり銀行から融資を受けてまかなえた
・黒字で現金を増やせたが、融資の返済負担が大きくて現金が
　足りなくなり融資を新たに受けてまかなえた
・黒字で大きく現金を生み出し、その分を融資の返済に充てた

◆資金繰り表の「予定」

　予定とは、今後6ヶ月～1年の資金繰りの見込みが表されます。

　資金繰りの予定を組むには、今後の月次の損益計画が基礎の資料となります（46ページ参照）。損益計画で売上や売上原価、販売費一般管理費の計画が組まれ、そこから今後の資金繰りを組んでいきます。

　そうすると、今後の月末現金残高はどのように推移していくか、月次資金繰り表を見ることにより予想できるようになります。

　その結果、現金の月末残高、つまり資金繰り表の「次月繰越」がマイナスとなる月には資金が不足することになり、早いうちに対策を立てて行動していかねばなりません。

　このように資金繰り表を作ることによって、今までの資金繰りがどのように回されてきたかを「実績」で見ることができ、今後の資金繰りがどのようになっていくかを「予定」で確認することができます。

　実績と予定は、例えば、現在が平成28年7月であれば、6月までは実績数値を入力し、7月以降は予定数値を入力するというように、1つの資金繰り表で表すことができます。

　経営者は、資金繰りの不安を漠然と抱いているものです。その漠然とした不安は、資金繰りの実態が目に見えないことから生まれます。資金繰りの実態が明確になれば、不安は少なくなります。

　早いうちに対策を行うことができ、その結果、資金繰りへの不安が少なくなれば、経営者は業績向上のための活動により力を入れることができ、業績向上につながっていくことになります。

6-3 月次資金繰り表の内容

　月次資金繰り表（別表5・242ページ）を見ると、現金は、「経常収支」「設備収支」「財務収支」の3つに分かれます。

（1）経常収支

　「経常収支」は、事業が行われた結果、どれだけの現金が生み出されるか、もしくはどれだけの現金が消えていくか、を表すものです。
　売掛金の回収が少ない月や買掛金の支払いが多い月は、収入（現金の流入）が支出（現金の流出）を下回り、経常収支はマイナスになることもあります。

　しかし、経常収支は年間で見た時に、プラスにならなければなりません。経常収支がマイナスであることは、その会社が事業を続ければ続けるだけ、現金がどんどんなくなっていくことを意味するからです。

　繰り返しますが、経常収支とは設備投資や売却、借入や返済は関係ない、純粋に事業のみでどれだけ現金が生み出されるかを表したものです。事業を行い続けることによって現金がなくなっていくのであれば、事業を行う意味がありません。
　今後の資金繰り予定で経常収支がマイナスになるなら、資金繰り表のもととなる経営計画がそもそもダメなのであり、そこから見直さなければなりません。

(2) 設備収支

「設備収支」とは、企業が設備投資を行うことによって資金が流出したり、設備の売却によって資金が流入したりするなど、設備の動きによる資金の収支のことです。

　設備といっても、本社や工場、店舗などに使うための土地・建物、機械、車両、内装などいろいろあります。
　設備投資を行った結果、利益がより大きくなるなど、効果が出なければ設備投資をした意味がありません。また設備投資は、よほど多くの現金を保有していない限り、借入金によって資金をまかなうようにするべきです。自己資金を設備投資に使ってしまうと資金繰りが悪くなります。
　資金繰り表の設備収支を見ることによって、設備投資で資金繰りにどのような影響が出るのかがわかります。
　現金を多く保有していないのに借入をせずに無理に自己資金で設備投資を行うと、その後の資金繰りがとても悪化することが、資金繰り表を作ることでわかるのです。
　設備投資を行う場合、資金繰り表でシミュレーションすることで、経営者の勘だけで設備投資を行って資金繰りが悪化してしまう事態を、前もって防ぐことができます。

(3) 財務収支

「財務収支」とは、銀行から融資を受けたり、毎月の返済を行ったり、ノンバンクや知人など銀行以外から資金を貸し借りした結果の資金繰

りを表します。

　経常収支が毎月プラスで、設備収支がゼロ、つまり設備投資や売却がないとします。この場合、経常収支のプラスの範囲で財務収支がマイナス、つまり融資の返済を行っていければ、全体の資金繰りは回り、借入金はどんどん減っていくことになります。

　とはいっても、そのような理想的な中小企業はなかなかありません。
　経常収支がプラスでもそれ以上に財務収支がマイナス、つまり返済が多ければ現金は減少していくため、さらに新たな融資を受けて現金残高を回復させなければなりません。

　また財務収支をプラスにする、つまり銀行から融資を受けることによって、設備収支のマイナスを補充することができます。
　無借金経営の中小企業は、日本にほとんどありません。経常収支の資金繰りと設備収支の資金繰りで足りなくなる現金を、財務収支で調整する、つまり借入を行って調整することになります。

6-4 月次資金繰り表の各項目

◆**月次資金繰り表の項目について**

　資金繰り表は、現金がどのように動くかを表したものです。
　次ページの表が、月次資金繰り表の各項目の説明です。

　前受金を受け取ることが多い会社であれば、前受金での回収をどこに入力すれば悩むところです。

・「その他収入」に入力
・「売掛金回収」を「売掛金・前受金回収」に変更して入力
・「前受金入金」という名称で新しい項目を追加して入力

　など、自分の会社が最も資金繰り表を活用しやすくなる方法で入力してください。
　また、前払費用や未払費用、未払金などの支払いは、その支払いの内容が人件費であれば「人件費支払」、人件費以外であれば「その他支払」に入力するようにします。

　「これはどこに入れればよい？」と思う場面は出てきますが、ルール化することにより、資金繰り表をスムーズに作ることができるようになっていきます。

項目名	説明
前月より繰越	前月から繰り越した現金残高
現金売上	売上代金を売掛金の段階を経ずにすぐに回収した金額 （すぐに回収となれば預金口座振込でもここに入る）
売掛金回収	売掛金で回収した金額
手形取立・割引	手形取立や手形割引で回収した金額
その他収入	上記に入らない、受け取った金額
≪ 経常収入 ≫	現金売上〜その他収入の合計
現金仕入	仕入代金や外注費を買掛金の段階を経ずにすぐに支払った金額 （すぐに支払いとなれば預金口座振込でもここに入る）
買掛金支払	買掛金を支払った金額
手形決済	手形決済のため支払った金額
人件費支払	給与・賞与・退職金・法定福利費などの人件費を支払った金額
その他支出	上記に入らない、支払った金額
支払利息	支払った借入金利息
≪ 経常支出 ≫	現金仕入〜支払利息の合計
【経常収支】	経常収入－経常支出
設備売却	設備を売却して回収した金額
≪ 設備収入 ≫	設備売却の金額
設備購入	設備を購入して支払った金額
≪ 設備支出 ≫	設備購入の金額
【設備収支】	設備収入－設備支出
借入実行（銀行）	銀行（信用金庫・信用組合・政府系金融機関含む）から融資を受けて得た金額
借入実行（その他）	銀行以外からお金を借りて得た金額
固定預金払出	定期預金・定期積金を解約して得た金額
≪ 財務収入 ≫	借入実行（銀行）〜固定預金払出の合計
借入返済（銀行）	銀行に融資を返済した金額
借入返済（その他）	銀行以外からお金を借りていたものを返済した金額
固定預金預入	定期預金・定期積金に預け入れた金額
≪ 財務支出 ≫	借入返済（銀行）〜固定預金預入の合計
【財務収支】	財務収入－財務支出
【収支過不足】	経常収支＋設備収支＋財務収支
次月繰越	前月繰越＋収支過不足

6-5 資金繰り表を作っている会社を銀行は評価する

◆**融資の申し込み時にも資金繰り表は必須**

　銀行は、融資を申し込んできた会社に、試算表と、月次資金繰り表を提出するよう要求してきます。加えて経営計画の提出を要求することもあります。

　試算表や資金繰り表を提出することができない会社、つまりこのような資料をふだんから作っていない会社は、融資を受けるハードルが高くなってしまうのです。

　銀行が融資審査を行うには、企業の現在の状況を詳細に把握する必要があります。決算書だけでなく、試算表と資金繰り表も見るのです。

　また試算表と資金繰り表を毎月作っている会社は、日ごろから経営管理、資金繰り管理をしっかりできていると見られます。そういう点で、評価は高くなります。

　申し込んだ側としても、資金繰り表を使いながら、「なぜ融資が必要なのか」など、今後の資金繰り予定を説明することができます。

・不足する時期がいつなのか
・不足する時に融資を受けられれば資金繰りは回すことができる

それらを資金繰り表で表現すれば、銀行に対する説得力は高いのです。

　資金繰り表を作らず、今月資金が足りないことが今月になってはじめて判明し、あわてて融資を申し込まれても、銀行は困ってしまいます。

　融資の審査期間は余裕を持って2〜3ヶ月は見ておきたいのが銀行側の本音。

　また融資を行って今月の資金繰りはしのげても来月以降はどうなるのか資金繰り表がなければ把握できず、銀行は融資を出してもすぐに資金が足りなくなるのではと心配します。

　このように、資金繰り表を作らず、銀行に提出できないのであれば融資審査は大きく不利になります。

6-6 月次資金繰り表の実績部分の作り方

　月次資金繰り表には、過去の数値から作られる実績部分と、今後の予定から作られる部分とがあります。

◆資金繰り表の実績部分には仕訳データが必要

　資金繰り表の実績部分を作るためには、それまでの仕訳データが必要となります。

　資金繰り表は、現金もしくは預金勘定の相手勘定を集計したものだからです。

◆預金・預金勘定の仕訳データ

　まず会計ソフトから現金もしくは預金勘定の仕訳データを取り出します。ここでいう「預金勘定」は普通預金・当座預金であり、定期預金・定期積金は固定預金として別に考えます。資金繰り表での現金には含めません。

　また、A銀行からB銀行への振替のように、相手勘定も現金・預金勘定の仕訳であれば、集計対象から省きます。

　このようにすることで、資金繰り表の実績部分を作るために集計すべき仕訳データは、全体の仕訳データからはだいぶ絞られます。

　このように、現金・普通預金・当座預金勘定の仕訳で、相手勘定が現金・普通預金・当座預金勘定ではない仕訳をまずは抽出します。

抽出した仕訳データの相手方勘定科目ごとに集計します。

現金・預金が入金になったか（収入）、支払いになったか（支出）で分けて集計します。

このようにして集計された勘定科目が、資金繰り表のどこに当てはまるかを考えて数値を入力すれば、資金繰り表の実績部分の完成です。

なお会計ソフトに資金繰り表作成機能が付属していれば、それを使って資金繰り表の実績部分を集計することができます。

ただ会計ソフトで資金繰り表を作る時に気をつけなければならないのは、ふだんの仕訳の入力を、複合伝票ではなく1対1として入力することです。

例えば、ある売掛先への売掛金5万円に対して、振込手数料500円が引かれて売掛先から入金があった場合、下記の仕訳を行います。

借　　方		貸　　方		(円)
預金	49,500	売掛金	50,000	
支払手数料	500			

これは複合伝票としての仕訳で、「預金＋支払手数料」に対して相手科目が「売掛金」という、2対1の仕訳となっています。

このように仕訳を行うと、ほとんどの会計ソフトの資金繰り表では、売掛金回収の欄ではなく、その他回収欄に集計されてしまうのです。

その原因は、現金・預金勘定の相手勘定を集計したものが資金繰り表となりますが、預金は4万9,500円に対して、売掛金が5万円と金額が合致しないため、売掛金回収として集計できないことにあるよう

です。

　そのため会計ソフトの資金繰り表作成機能を活用したいのであれば、ふだんの仕訳から下記のように仕訳を行う必要があります。

借　方		貸　方		(円)
預金	49,500	売掛金	49,500	
支払手数料	500	売掛金	500	

　このようにすれば、預金と売掛金の金額が合致するため、売掛金回収として会計ソフトは認識して資金繰り表に反映されます。

6-7 月次資金繰り表の予定部分の作り方

　次に、資金繰り表の予定部分の作り方です。
　資金繰り表の予定部分は、実績部分と違って仕訳データから作ることはできません。
　まずは月次の損益計画を作るところからはじめます。
　月次損益計画の例は、月次損益計画(別表1・234ページ)を見てください。
　月次損益計画ができたら、それをもとに、下記の順番で資金繰り表の予定部分を作っていきます。

（1）売上代金の回収予定を入力
（2）その他収入予定を入力
（3）仕入代金・材料費・外注費などの支払い予定を入力
（4）人件費支払い予定を入力
（5）その他支払予定を入力
（6）設備売却・購入予定を入力
（7）借入・返済予定、支払利息、定期預金等の預入・解約予定を入力

（1）売上代金の回収予定を入力する

　売上代金が回収になるまでのパターンは主に次の3つのパターンがあります。

・売上が発生したらすぐに代金が回収されるパターン
　　…小売業や飲食業など現金商売の会社に多い
・売上が発生して売掛金となり、後日回収されるパターン
　　…会社対会社の取引に多い
・売上が発生して売掛金となり、一部預金振込（もしくは現金回収）、
　一部手形で支払われ、手形決済日に手形分が回収されるパターン
　　…建設業などで多く見られる

　このように、売上代金が回収に至るにはいろいろなパターンがあり、売上が多くなったからといって、現金商売の会社でない限り、資金繰りがすぐに楽になるとはいかないものです。

　売上発生と売上代金回収時期のズレが、資金繰りにどう影響するかを見えるようにするのが資金繰り表であり、資金繰りをうまく行うには資金繰り表の作成が必要となります。

◆「現金回収」「売掛金回収」「手形取立・割引」の分け方
　資金繰り表上でこのズレは、「現金回収」「売掛金回収」「手形取立・割引」という3つの項目で分けられ、それぞれの手段で実際に現金が回収される月に金額を入れていきます。

　まず月次損益計画の中の売上計画を、得意先別売上代金回収予定表（別表7・246ページ）のように得意先別に分けます。売上の合計は損益計画での売上計画と一致していなければなりません。
　売上代金の回収予定を、「現金回収」「売掛金回収」「手形取立・割引」に分けます。
　例えば、平成28年6月にある得意先で売上が600万円発生したら、

その回収予定に従って、平成28年7月の売掛金回収240万円、平成28年10月の手形取立360万円と分けます。

すべての取引先の「現金回収」「売掛金回収」「手形取立・割引」がそれぞれ合計されたものを、資金繰り表の各項目に移します。

そうすると、月次損益計画による売上計画が資金繰り表でどのような影響となって表れるのか見えてきます。

前受金でもらうことがある会社でも応用できます。

資金繰り表に「前受金入金」欄を作り、そして得意先別売上代金回収予定表にも「前受金入金」欄を作り、入力していきます。

（2）その他収入予定を入力する

「その他収入」欄では、売上以外の入金予定を入れます。補助金・助成金の入金、保険金の受け取りや保険解約返戻金の入金など、売上に計上されない収入の入金予定をここに入れます。

（3）仕入代金・材料費・外注費などの支払い予定を入力する

仕入代金・材料費・外注費などの支払いは、資金繰り表の「現金仕入」「買掛金支払」「手形決済」のところに入力します。

月次損益計画で売上の計画を立てれば、それに対する仕入金額、材料費や外注費がわかってきます。どの取引先でいくら、仕入や材料購入、外注費が発生するかを表にします。

「仕入先別仕入代金支払予定表（別表8・247ページ）」にあるように、それぞれの取引先ごとに支払い予定を「現金仕入」「買掛金支払」「手形決済」で分けます。

例えば、平成28年6月にある仕入先で仕入が400万円発生したら、

平成28年7月の買掛金支払100万円、平成28年10月の手形決済300万円、というように分けます。

全ての取引先の「現金仕入」「買掛金支払」「手形決済」がそれぞれ合計されたものを、資金繰り表の各項目に入力します。

そうすると、月次損益計画による仕入計画が資金繰り表でどのような影響となって表れるのか見えてきます。

（4）人件費支払予定を入力する

給与・賞与・退職金・法定福利費など、人件費を支払う予定の金額を入力していきます。

給与や賞与からは、厚生年金保険・健康保険・雇用保険などの社会保険料、源泉所得税や住民税など、会社が社員の給与から差し引きして支払う税金が引かれます。

引かれたあとの金額で支払い金額を計算し、会社負担分も含めた社会保険料・源泉所得税・住民税それぞれを支払う月で支払い金額を計算し、それらを合わせたものを人件費支払として資金繰り表に入力します。

この計算をやりやすくするため、給与・賞与の発生・支払い予定や、社会保険料・源泉所得税・住民税の発生・支払い予定を一覧で作っておくとよいでしょう。

（5）その他支払予定を入力する

仕入や材料費・外注費、人件費、また借入金の支払利息以外の支払い予定を入力します。

経費の支払いには、前払いもあれば後払いもあります。

例えば、消耗品購入など、あとでまとめての支払い、宅配便の使用分を後日まとめて支払う場合など、発生月より支払月があとの月となる支払いがあります。

　家賃を前月の末日までに支払わなければならない場合など、発生月より支払月が前の月となる支払いもあります。
　このようなケースでは、取引が発生した時点で前払費用、未払費用、未払金になり、その前後で支払った時点で前払費用、未払費用、未払金が解消されることになります。
　資金繰り表では、現金もしくは振込にていつ支払うかを入力します。

　なお前払いや後払いの場合でも、人件費の分であれば人件費支払に、そうでなければその他支払に入力します。
　その他支払予定も、発生予定と支払い予定を一覧で作っておくと、計算しやすいでしょう。

（6）設備売却・購入予定を入力する

　設備、例えば土地や建物、機械、車両、内装などの購入や売却の予定を入力します。
　設備投資を行った場合、会計上は、いったん資産計上し、毎期、減価償却費で経費化していきます。
　減価償却費の計上時は、現金の取引は発生しませんので資金繰り表に反映されません。実際に設備を購入、売却した時に現金が動く予定を資金繰り表に入力します。

（7）借入・返済予定、支払利息、定期預金等の預入・解約予定を入力する

　借入予定を「借入実行」に入力します。

　銀行からもらう返済予定表上の借入金の返済予定は、「借入返済」に入力します。

　銀行からの借入は、それ以外からの借入（例えば、ノンバンクや知人親族からの借入）とは分けて入力し、返済も同様とします。

　また銀行からもらう返済予定表には支払利息が記載されており、経常収支の「支払利息」のところに入力します。

　借入金は銀行のみで行い、資金繰りをしていきたいものです。そのため資金繰り表でははじめ、銀行のみからの借入実行、借入返済の予定を入力するようにします。

　ただし銀行からの借入が期待できないのであれば、ノンバンクや知人、親族などからの借入と返済予定を入力して、資金繰りがどう回るのかシミュレーションしていきます。

　定期預金や定期積金といった固定預金は、普通預金・当座預金とは別にし、財務収支の欄で管理します。銀行から融資を受けている会社が一方で銀行に預けている固定預金は、解約しようとしても銀行から引き留めにあって簡単に解約できないことが多いからです。

　普通預金や当座預金は現金の一種として、資金繰り表で資金繰りの動きを見ていくこととし、固定預金は別に考えるほうが、資金繰り表による管理を行いやすいでしょう。

6-8 月次資金繰り表の応用

　資金繰り表は必ず、月次で集計したものでなければならないことはありません。

　週ごとや、5日や10日ごとに区切って集計する資金繰り表を作って資金繰り管理している会社もあります。

　資金繰りが厳しく、週ごとや、5日ごと、10日ごとで資金繰りを見ていきたい会社の場合、そのように細かく区切って資金繰り表で資金繰り管理を行うことができます。

　その際の資金繰り表の作り方は、月次資金繰り表を作る場合と同じです。ただし、細かく区切って入金・支払い予定を集計する必要があり、その分、手間はかかります。

6-9 日次資金繰り表の作り方

次のような場合は、「日次資金繰り表」の作成を検討しましょう。

・資金繰りが厳しく、月次の資金繰り管理では不十分な場合
・1日1日、資金繰りは大丈夫かを管理していきたい場合

日次資金繰り表の作り方は、次のとおりです。別表6（244ページ）を見ながら確認するとよいでしょう。

・「前月繰越」には、前月から繰越の現金残高を入力する
・「相手・適要」は入金もしくは支払いの相手先とその内容を入力する
・「支払」は現金を支払う場合の金額を入力する
・「入金」は現金の入金がある場合の金額を入力する
・「残高」は支払い、もしくは入金後の現金残高合計を記入する
・「支払内訳」「入金内訳」「残高内訳」は、現金もしくは預金口座別の
　支払い、入金、残高の内訳を入力する

ここでの「現金」とは、現金と預金を含んだ概念です。ただ預金でも、定期預金・定期積金のような固定預金は現金とは考えません。

日次資金繰り表では、入金のある取引、もしくは支払いのある取引を、1件ずつ書いていき、入金もしくは支払い後の現金残高を入力し

ていきます。
　向こう2～3ヶ月ぐらいの入金・支払いが予想される取引、もしくは確定している取引を、その入金日もしくは支払日にて入力すると、日ごとに現預金の残高がどのように推移していくのか、資金不足がいつ発生するのかがわかります。

◆日次資金繰り表のメリット・デメリット
　資金が不足する日があれば、次のように対策を早めにとることができます。

・銀行や、銀行以外から資金調達
・得意先にお願いして入金を早めてもらう
・取引先にお願いして支払いを延ばしてもら

　日次資金繰り表の様式を見ると、銀行の預金通帳の形と似ています。月次資金繰り表より日次資金繰り表のほうが、なじみやすいのではないでしょうか。
　ただ日次資金繰り表を作っていても、同時に月次の資金繰り表も作るべきです。
　日次資金繰り表は向こう2～3ヶ月の日次資金繰りを管理する資料としては有効ですが、向こう6ヶ月～1年の資金繰りを管理する資料としては不向きだからです。
　また融資審査時に銀行が要求してくる資金繰り表は、日次資金繰り表ではなく月次資金繰り表です。

6-10 資金繰り表では現金の保有高を気にする

◆現金保有の目安

　以上、月次資金繰り表と日次資金繰り表の作り方でした。

　資金繰り管理において重要なのは、現金がマイナスとなる状態をあらかじめ対策をとって防ぐとともに、できるだけ多くの現金を保有するよう心掛けることです。

　現金の残高をいつも意識した資金繰りをすることで、資金不足を防ぐことができ、経営の安全性は高まります。

　では、具体的にどれだけの現金を保有すればよいでしょうか。

　保有する現金の水準は、会社の規模によって違うので、月商を基準に考えるようにします。

　「月商」とは、年商、つまり年間の売上高を12ヶ月で割って計算します。資金繰りの安全性を高めるには、最低でも月商の1ヶ月分の現金を保有すべきです。

　理想は月商の3ヶ月分ですが、なかなかそこまでできる会社は少ないので、まずは月商の1ヶ月分を目安にしてください。

　なお時期によって、現金が多くなる時期もあれば少なくなる時期もありますが、少ない時期でも月商の1ヶ月分の現金が残るように資金繰りを行いましょう。

　月商の1ヶ月分の現金を保有すると、1ヶ月分の売上代金がまるま

る入金にならなくても資金不足にならない水準です。

　事業を行う中で常につきまとう問題は、売上代金が回収できない、という事態です。
　小売業や飲食業など、商品やサービスの提供と売上代金回収が同時に行われる現金商売ならまだしも、売上代金の回収が翌月であったり、手形も使って支払われるのであったりすれば、売掛先の倒産や売掛先の資金繰り困難によって売上代金が回収されないという事態も想定しなければなりません。
　見込んでいた現金が入ってこない中、資金をすぐに手当てしようとしても間に合いません。
　得意先の倒産や得意先の資金繰り困難による売上代金の回収不能という事態はいきなり起こるもの。それに備えて、現金は多めに保有しておいたほうがいいのです。1ヶ月分の余裕があれば、不測の事態があっても当面はしのげます。

6-11 借入返済よりも現金残高を増やす

　現金を多く保有するには、毎月、大きな利益を確保して現金を残していくことが必要となります。しかし多くの中小企業は、そのように理想的な現金の残し方はなかなかできないのが実情でしょう。
　そこで考えられるのが、銀行から融資を受けることです。

◆**まとまった現金を返済に充てない**
　経営者が考えがちなことの1つに、「現金が多くあったら借入金をまとめて返済すること」があげられます。
　現金が月商の4ヶ月分以上あり、その一部を返済するのならよいです。しかし現金が1ヶ月分や2ヶ月分しかなく、それをまとめて借入金の返済に充てるのは、大変危険なことです。
　なぜなら、銀行に融資を返済するよりも、融資を受けることのほうがずっと、エネルギーがいるからです。
　融資をまとめて返済しても、将来、銀行に頼めばまた融資をしてくれるだろうと安易に考えてはいけません。

◆**銀行が融資を打ち切るキッカケ**
　銀行の態度が変わることはよくあります。
　銀行からいきなり融資を受けられなくなるきっかけは、次のようなことがあります。

・決算書の内容が悪くなった
・売掛先が倒産して大きな貸倒れが起こり、銀行がそれを把握した
・取引先の１つが反社会的勢力であることが発覚し、自分の会社も
　反社会的勢力に関わっているのではないかと疑われた
・経営者か役員が取引先や社員に訴えられるなどして逮捕された
・会社に税金や社会保険料の未払いがあり、税務署や年金事務所から、
　融資を受けている会社の預金口座に対し差押えがあった

　このように、今までスムーズに融資を出してくれていた銀行がいきなり融資をしてくれなくなるきっかけは突然起こるものです。

　借入金の返済を急ぐより、現金を増やすことに意識をしてほしいのです。借入は、多ければ多いほどよいです。借入金がいくらあろうと、現金が豊富にあれば会社はつぶれませんが、借入が少なくても現金が足りなくなれば、会社はつぶれます。

　現金100万円、借入金2,100万円の会社より、預金3,100万円、借入金5,100万円の会社のほうが、よほど安全です。

6-12 支払手形のおそろしさ

◆**支払手形の発行は難しい**

　最近は、銀行が当座預金を作ることになかなか厳しくなり、特に支払手形の発行を認めてくれづらくなりました。

　それでも、昔から当座預金口座を開設していて、支払手形を切っている会社はまだ存在し、多くの支払いを支払手形に頼っている会社があります。

　大きくふくれ上がってしまった支払手形の残高を見ると、少し流れが変わるだけで、手形決済ができずに「不渡り」となる可能性を感じ、おそろしいです。

　支払手形は、当座預金の残高不足で決済することができないと不渡りとなり、会社にとって致命的なダメージとなります。

　不渡りには次の種類がありますが、通常、不渡りといえば「1号不渡り」のことを指します。

・0号不渡り…形式不備・呈示期間経過後・期日未到来など振出人の
　　　　　　　信用に関係のないもの
・1号不渡り…取引なし・支払資金の不足など振出人の信用に関係する
　　　　　　　もの
・2号不渡り…契約不履行・偽造・詐取・盗難・紛失など

◆ 1号不渡りを出してしまったら……？

　1号不渡りを出すと、手形交換所規則に基づく不渡り処分を受け、全金融機関に通知されます。さらに6ヶ月以内に2度目の1号不渡りを出すと「銀行取引停止」の処分を受け、金融機関と当座取引・借入取引が1年間できなくなります。

　支払手形を切っている会社は通常、仕入代金の支払いなど日常取引の決済は銀行の当座預金を使い、手形や小切手を振り出しています。
　また、銀行からの融資を受けることも多くあるでしょう。
　そう考えると、銀行取引停止処分を受けることで当座預金が使えなくなったり、融資が受けられなくなったりすることは、日常取引の決済ができないことを意味します。
　その結果資金繰りが悪化したりして、会社の信用の低下につながり、実際に事業ができなくなることが多いです。

　また不渡りを出すことは、仕入代金などで支払った手形の決済がされなかったということで、1回目の不渡りでも仕入先などからの信用がなくなり、また銀行からの信用もなくなります。
　多くのケースでは、2回目の不渡りを出して銀行取引停止処分を受け、その結果事業ができなくなり事実上の倒産となることが多いです。
　支払手形を切っている企業は不渡りにならないように常に注意しなければなりません。

　支払手形は支払サイトを長くするのに有効な制度であり、「支払手形を切る」ことは、資金調達の方法といえます。
　しかし支払手形は、資金繰りが厳しくなってきた時、とたんにこわいものになります。買掛金の支払いは、遅れてもその買掛先との話し

合いになるだけですが、不渡りは、「不渡り」というはっきりとした事実として残り、取引先・銀行などからの信用を一気に失うことになります。

　支払手形は一度使いはじめるとなかなかなくせるものではありません。それが資金繰りに組み込まれてしまうからです。
　支払手形を使わなくても資金繰りができるような状態を目指したいものです。

6-13 資金繰りで経営者が絶対にやってはいけないこと

　私のところに相談に来る経営者を見ると、資金繰りが厳しくなったいろいろな背景があります。

　事業が赤字であることは資金繰りが厳しくなる一番の要因なのですが、それに加えて、資金繰りが厳しい会社は資金繰りを悪くするいろいろなことを「やらかして」います。

　資金繰りを回すためには、次に述べる9つのことを避けるべきです。

（1）関係会社の貸付に充てる、出資に充てる
（2）会社のお金と経営者個人のお金を混同する
（3）経営者がムダ遣いする
（4）知人に頼まれて貸してしまう
（5）借入しないで設備投資をする、運転資金で借入して設備資金に充てる
（6）詐欺に遭う
（7）ムダな新事業に手を出してしまう
（8）社員に横領される
（9）ムダな自社ビル、自社店舗を持つ

(1) 関係会社の貸付に充てる、出資に充てる

決算書を見ると、関係会社に貸付金や出資金の形で資金が流れているケースです。

今まで事業を行うことで利益が上がり、十分に現金がたまり、自分の会社の資金繰りに支障が出ない範囲で、関係会社に資金を回すのなら問題ないです。

ただ、たまたま手もとに現金が残った時に、自社に多くの現金があると勘違いして関係会社に資金を流してしまう、もしくは銀行から借入した資金を使って、関係会社に資金を流してしまう、などがいけません。

◆結局自社の資金繰りが厳しくなる

例えば、A社の関係会社B社があり、B社は業況が芳しくないため銀行からの融資が受けられないという状況です。代わりにA社で融資を受けてB社に転貸するとします。

```
お金の流れ：銀行 ⇄ A社 ⇄ B社
```

この場合、A社は自分の会社の資金繰りに加えて、B社へ転貸した分の融資も返済しなければならず、A社の資金繰りは当然、厳しくなります。

B社が利益を上げて、A社からB社に転貸された分の融資の返済資金をA社に支払っていくことができればよいのですが、そもそもB社は銀行から融資を受けられないぐらい業績が厳しいのですから、それは困難でしょう。

そうすると、A社の資金繰りは厳しくならざるをえません。

◆関係会社への貸付は銀行が嫌がる

　何より、関係会社に対し貸付金があることは、銀行が嫌がります。
　決算書の貸借対照表において、関係会社への貸付金が計上されますが、それを見れば、Ａ社で増えた借入金の分はＢ社への貸付金に回されたことはわかってしまいます。
　Ｂ社で使いたい資金であれば、Ｂ社から銀行へ融資を申し込むべきです。Ａ社が銀行に対し、Ｂ社に貸付する資金を融資してほしいといっても、銀行は、「それだったらＢ社が申し込んでくれ」と答えるのが普通です。

◆「違反」になり、銀行からの信用を失う

　「Ａ社に対して貸した融資の資金が、Ａ社からＢ社に流れてしまった」という場合、銀行では融資の申し込み時の資金使途と、実際の資金使途が違うということで、「資金使途違反」とみなします。
　Ａ社に対し今後、融資は厳しい審査をせざるをえなくなるでしょう。
　Ａ社が銀行から借りた資金をそのままＢ社に流したのではなくても、Ａ社に借入金がある状態でＢ社に対しての貸付金の存在が明らかになれば、実質的に同じことです。
　銀行はその後、新たな融資をＡ社に行っても、またＢ社に流してしまうのだろうと考えます。Ａ社は銀行からの信用をなくします。

（２）会社のお金と経営者個人のお金を混同する

　資金繰りを知らない経営者ほど、会社のキャッシュカードを自分で持ち、自分の財布に現金がなくなり個人の預金口座にも預金が入っていなければ会社の預金口座から現金を引き出します。
　そうやって法人と個人の資金が混ざってしまいます。

役員報酬を低くして利益が上がっても、社長が会社のキャッシュカードを持ち、会社の預金口座から現金を引き出し、それを経営者個人の生活費に使ってしまえば、現金の動きは改善されるわけではありません。

◆経営者が預金口座から私的に現金を引き出すと……
例えば、経営者の役員報酬が月30万円、手取りが25万円として、会社から経営者個人の預金口座に給与振込しているとします。
しかしその経営者は、生活費を月50万円使おうと、会社のキャッシュカードで現金を引き出し、生活費に充てます。

会社の預金口座から現金を引き出す行為は、仕訳は「借方：現金」「貸方：預金」となります。
この経営者は生活費50万円から役員報酬手取り25万円を引いた25万円を会社の預金口座から引き出します。
その仕訳は、「借方：現金25万円」「貸方：預金25万円」となり、会社の貸借対照表上では、現金勘定が25万円ずつ増えていくことになります。年間では300万円増えることになるのです。

決算書の中で、現金勘定が多い決算書をよく見ます。
例えば現金勘定が400万円の決算書を見て、融資審査を行う銀行は不思議に思います。
決算日の会社の金庫に400万円が入っていたのであればわかるのですが、それだけの大金が入っていることはなかなかないでしょう。
なぜ現金勘定が増えてしまうのか、その背景にはこのようなことがあるのです。

また、キャッシュカードから経営者が引き出した現金は経営者に対する貸付けと仕訳していて、貸借対照表において現金は10万円でも社長への貸付金が390万円となっているような決算書もよく見ます。その背景にも、このようなことがあるのです。

◆**会社の現金と経営者個人のお金は別にする**
　会社のキャッシュカードで社長が現金を引き出したという行為自体は、経費計上にはなりません。そのため、損益は一見、よく見えるのです。しかし経営者が現金を引き出して生活費で使っているので、会社の資金繰りは悪化します。
　こうならないよう、経営者は、下記の点を踏まえて、会社と個人の資金を別々に管理します。

・会社の預金口座から引き出した現金は、社長個人の財布に入れずに、
　会社の金庫に入れる
・社長が会社の現金を持ち歩きたい場合は、個人の現金とは別に
　管理する
・会社の経費は会社の現金で支払い、現金出納帳（別表9・248ページ）を
　作って管理する

◆**現金出納帳**
　現金出納帳は、会社の金庫（会社の財布）の、現金の動きを表したもので、会社の金庫の入金・出金を記録します。
　例えば売掛金を現金で15万円回収したら、すぐにそれを会社の金庫に入れ、現金出納帳に記録します。
　消耗品で2,000円を会社の金庫から払ったら、そのレシートととも

に現金出納帳に記録します。現金出納帳の残高は金庫の残高と毎日合わせるようにします。

　会社の現金は個人の生活費に使わないことを守ってください。そうでないと、会社に現金があれば個人のお金と勘違いして使ってしまいかねず、経営者は気が大きくなりムダ遣いして、会社の資金繰りが厳しくなります。

（3）経営者がムダ遣いをする

　会社と個人のお金を分けていても、次のように、会社の経費として経営者がムダ遣いしてしまうケースを見ます。

・高級店での飲食
・社員へおごりまくる
・分不相応なオフィス
・ムダに高級な社用車……

　借入金が0で、常に現金を月商3ヶ月分以上保有している会社であればまだしも、そうでなければ、ムダな経費は極力減らし、会社の現金をためていくことに注力すべきです。また、これらの出費は、将来会社に利益をもたらすのでしょうか。

・取引先接待

　高級店で取引先を接待して、その効果として大きい受注がとれたならよいです。ただしそのような見込みがなければ、高級店での接待は意味があるのか、1回1回、しっかり考えたいところです。

・社員へおごる

　社員に対し、ことあるごとにごちそうする経営者がいます。

　経営者としては、社員へごちそうするから社員はやる気を持って働いてくれるものだと考えても、社員はごちそうされたことはすぐに忘れてしまうものです。

　やっかいなことに、ごちそうされることが当たり前と思ってしまう社員も出てきます。経費削減でごちそうされないようになると、不満につながってきます。

・分相応なオフィス

　分不相応に内装にお金をかけたオフィスを作る経営者がいます。

　起業して2～3年しか経っていないベンチャー企業経営者にこのタイプが多いです。

　来社したお客さんに、自分の会社は大きい会社で、好調だと見せかけたいという見栄ともいえますが、見る人が見ると、まだ創業して間もない会社が無理をしているように感じますし、この会社はムダなところにお金を使って大丈夫か、と思ってしまうものです。

　質素なオフィスのほうが、来客の好感度は高かったりするものです。

・ムダに高級な社用車など

　ムダに高級な社用車やゴルフ会員権、リゾート会員権など、会社の本業に関係ないムダ遣いがあります。そのようなムダ遣いの資金の出所は、銀行からの多額の融資であったりするものです。

　以上のような出費は、ことごとく何も残りません。あとで、「何でこんなことにお金を使ってしまったのか」と後悔してしまいます。

　一方で現金は、使わなければ必ずあとに残ります。経営者のムダ遣

いは、会社の資金繰りを厳しくするだけです。

（4）知人に頼まれて貸してしまう

　自分の会社の資金繰りが厳しいにもかかわらず、売掛金の回収が多く、現金が一時的に増えた時や、銀行から借入ができたあとのタイミングで、知人の経営者から頼まれお金を貸してしまう経営者がいます。

　決算書には、知人の会社への「貸付金」として載り、関係会社への貸付金の場合（116ページ）と同様に、銀行は今後の融資を厳しくせざるをえません。

　何より自分の会社の資金繰りが厳しいのに、知人の会社に貸せばいっそう資金繰りを厳しくさせることになります。

◆資金繰りが厳しい会社の経営者ほど、お人好し

　資金繰りが厳しい経営者は、人が好いタイプが多いです。そういう人ほど悪循環に陥ります。

・社員に対して甘い→社員は働かなくて給料をもらえると勘違い
　　→売上が下がる
・取引先に対して甘い→価格交渉が甘くなる→利益がとれず損失を被る
・人に対して甘い→知人の経営者から泣きつかれる
　　→（現金があれば）貸してしまう

　資金繰りが厳しい会社を見ると、銀行からの借入だけでは足らず、知人の経営者や、親族から借入をしているケースをよく見ます。

　資金繰りが厳しい会社の8割は、知人や親族からの借入があります。

そういうのを見ると、世の中には頼めば貸してくれる優しい人が多くいるのだなと感じますが、逆に、あなたが知人からお金を貸してくれと頼まれた場合は、

「申し訳ない、今お金がまったくない」

　と、毅然と断るべきです。お世話になった人だからと情にほだされてはいけません。

（5）借入しないで設備投資をする、運転資金で借入して設備資金に充てる

　建物を建てたり機械を買ったりするなど、設備投資をすることは、会社経営ではよくあることです。ただ設備投資には大きな資金が必要です。大きな資金を用意するために、資金調達する必要があります。
　銀行は、設備投資のための資金は融資をしやすいものです。設備投資の融資は資金の使い道がはっきりしていて、融資の理由になりやすいからです。
　ただ、融資を受けないで自己資金で設備投資を行ったり、設備資金ではなく「運転資金」として融資を受けたりする会社があります。

◆設備資金と運転資金の融資の違い

　設備投資を自己資金で行うことは資金繰りが厳しくなるのは当然として、ではなぜ設備資金は運転資金ではなく設備資金として融資を受けるべきなのでしょうか。
　設備資金の融資と、運転資金の融資の最大の違いは、返済期間の長さです。設備資金の融資は「長期返済」とされます。

設備投資は長い時間をかけて効果を発揮させていくものですし、また設備投資の金額は大きくなりがちです。そのような理由から銀行は設備資金の融資を長い返済期間としてくれるのです。

　設備資金の融資の返済期間は5～10年、場合によっては20年返済にしてくれる場合もあります。一方、運転資金は、設備資金より短期の返済期間とされます。1～5年、場合によっては数ヶ月で返済しなければならないこともあります。こう考えると、設備投資のための融資は「設備資金」として申し込むべきです。運転資金として短い返済期間での融資を受ければ返済のペースが早くなり、資金繰りは厳しくなってしまいます。

　また、設備資金の融資と、運転資金の融資は、銀行や信用保証協会では別ものとして考えます。保証協会では、運転資金の保証は多くなっても総額で「月商の3ヶ月まで」という目安があります。

　一方、設備資金は、それとは別に考えます。

　例えば年商1億8,000万円の会社は月商1,500万円です。運転資金として、順調に借りられても保証協会の保証付融資は月商の3ヶ月分、4,500万円までです。現在運転資金で3,000万円借りていて、その中で設備投資を2,000万円行いたいとします。

　設備投資の融資を、設備資金ではなく運転資金として融資を受けようとすると、保証付融資の運転資金総額は、満額借りられない可能性が高いでしょう。

3,000万円＋2,000万円＝5,000万円
※4,500万円を超えてしまう

　またそれで融資を受けても運転資金としての目安金額に達してしま

うため、今後、新たに運転資金で融資を受けたい時に受けにくくなってしまいます。設備資金2,000万円で融資を申し込むべきです。

◆**設備資金の融資を受けようとしないワケ**
　ではなぜ、設備投資の資金を、運転資金として融資を受けようとする経営者が多いのでしょうか。それは、設備資金の融資申し込みの場合、銀行に提出しなければならない資料が多いからです。

　　　　銀行から求められること
・設備の見積書、契約書、発注書の提出
・設備投資したことによりどれだけ売上・利益が上がるかの
　シミュレーションをしたものの提出
・設備への支払い（すぐに求められる）
・設備への支払いの領収書の提出

　このようなことを面倒くさがって、設備資金ではなく運転資金として銀行に融資を申し込んでしまうのです。

　ただ設備資金の融資は、返済期間が長いこと、運転資金とは別ものとして見てくれること、このような大きなメリットがあります。
　そのメリットは、今後の資金繰りによい影響を及ぼします。設備投資のための資金調達は、設備資金として融資を受けるべきです。

（6）詐欺に遭う

　資金繰りが厳しい経営者の中には、詐欺に遭う人がよくいます。
　なぜ詐欺に遭ってしまうのでしょうか。資金繰りが厳しい中、経営

者は一攫千金を狙おうとするのが原因の1つです。
　詐欺の1つに、「融資詐欺」があります。例えば、次のような「いきなり融資が可能」といったFAXが送られてきます。

　　中小企業サポートローン　与信結果報告
　　　　　　　　　　　　　　　　　　　株式会社○○総合保証

　年末に向けて当社の新商品「中小企業サポートローン」の受付開始を報告させていただきます。厳選なる審査の与信結果、優良企業様に向けて下記の内容でのご融資が可能になりました。期間・数量に限りのある商品でございますので、ぜひご検討いただきますようお願い申し上げます。

【与信結果詳細】
融資金額：2,000万円　利息：年1.5％　返済期間：10年
担保：不要　保証人：代表者　保証料：不要

【申込み方法】
下記、必要事項をご記入の上、FAXでご返信ください。

　これは、資金繰りが厳しい会社に対する詐欺のFAXです。FAXを受け取った経営者が喜んで返信すると、電話がかかってきて、次のような流れでどんどん話が進んでいきます。

「融資実行までの手続きを進めます。まずは貴社の信用状況を見るために、100万円をまずは〈○○銀行○○支店、普通預金、口座番号○○○○○○○〉まで振り込んでください」

↓

いわれたとおりに100万円振り込む
↓
「こちらの審査は通りました。次に、保証会社による手続きです。
保証会社が貴社の信用状況を見るために、100万円を○○に振り込んでください」
↓
追加で100万円を振り込む
↓
違う名目で、支払いを要求してくる…

　いつまで経っても2,000万円の融資は受けられません。
　経営者がやっとおかしいと思い、ＦＡＸに書いてある住所のところに行っても、まったく別の会社が入っていたり、もしくはその住所地自体が存在しなかったりすることもあります。
　振込先に指定された預金口座は、詐欺集団が誰かから買って手に入れたものであり、その詐欺集団の足取りはまったくつかめません。

◆怪しい部分は？
　ＦＡＸ（前ページ）を今一度よく読んでください。

「厳選なる審査の与信結果、優良企業様に向けて下記の内容でのご融資が可能になりました」

　「優良企業様に向けて」と書いてあります。その会社の融資が可能となったとは書いていません。
　一見、自分の会社の融資がこのＦＡＸ１枚で可能になったと勘違いしてしまう、そしてお金を支払うことは、融資の手続きの１つと思わ

せてしまう——。実に巧妙です。

◆**他人事ではない！**
　あなたはこのような詐欺に絶対に引っ掛からないと思うかもしれません。しかし、引っ掛かってしまう経営者はたくさんいます。
　私に相談に来る経営者から「(同様の) ＦＡＸが来たんだけど、信頼してよいのでしょうか？」という質問をよく受けます。すぐに詐欺のＦＡＸとは気づかないようです。それだけ詐欺が蔓延しているのでしょう。
　資金繰りが厳しい経営者ですと、わらにもすがる思いでこのような話に乗っかってしまうのです。
　詐欺は、他にもいろいろな手があります。

・「融資を受けたいのであれば、自分のネットワークで金融機関に融資を出させる。審査書類作成のための活動費として着手金で100万円ほしい」
→融資を受けられると思わせて、着手金の名目で多額の金銭を詐取する
・「資金を預ければ、それを運用して1年ごとに配当を20％支払える」
→投資すれば、大きくして返すのでお金を預けてほしいといってくる

　詐欺に引っ掛かって資金繰りの厳しさに拍車をかけてしまった経営者は、私に相談に来る経営者の中でとても多くいます。

（7）ムダな新事業に手を出してしまう

　本業で利益が上がらず赤字なのに、新事業に手を出してしまう経営者がいます。

経営者のところには、多くの人が儲け話を持ってきます。しかし、持ってこられた儲け話が1～2年後に実際に儲けにつながったケースはめったにありません。

　なぜこうも儲け話が経営者のところに持ち込まれ、ことごとく実を結ばないのか。儲け話を持ってくる人は、自らそれを行えば、自分が儲かるはずです。にもかかわらず、なぜ自分ではやろうとしないのか。

　儲け話を持ってくる人には、次の2つのパターンがあります。

①その人に資金がない
②儲け話を持ってきた人が儲かり、乗っかった経営者は損をするだけ

①その人に資金がない

　儲け話を持ってくる人に資金がない場合、経営者に資金を出させて、儲け話を持ってきた人が自ら事業を行います。

　ある機械部品卸会社A社の事例があります。A社の社長Bは、知人からCを紹介されました。CはB社長に、次のように話を持ちかけます。

「自分は人材派遣ビジネスのノウハウを持っている。A社が今、売上が作れず苦しんでいるのであれば、自分を役員で採用してほしい。私はA社の新事業で人材派遣事業を立ち上げて、売上をもたらすから」

　Cを信用したB社長は、Cを役員として入社させました。そしてCは、人材派遣事業を運営していくため8名採用してほしいといってきましたが、その8名は、Cの親族と友人ばかりです。

　それでも、B社長はA社の第二の柱として、人材派遣事業が軌道に乗ることを期待しました。Cは、人材派遣事業だけで1年後は月商1,000万円になるといっていました。

しかし1年経っても、人材派遣事業の売上は月150万円にしかなりません。Cの率いる人材派遣部門の人件費が、大きく負担になっています。給料は高くする約束で入社させたからです。B社長が問い詰めても、「待って」の一点張り。

「いつになったら売上が1,000万円になるんだ」
「800万円の見込み案件を交渉中である。人材派遣事業をやめてしまえば、軌道に乗る前に全てが水の泡になってしまう。もう少しだから辛抱してほしい」

　それから2年後も月商250万円にしかならず、人材派遣事業をはじめてから3年、やっとB社長は人材派遣事業の撤退を決断しました。
　しかし、それまでの人材派遣事業の累積赤字は合計8,000万円にもなり、それを補うため借入金は大きくふくらみ、債務超過となっていたのです。

　この事例のCは、本当に人材派遣事業でA社を儲けさせるつもりだったのかどうか、わかりません。ただその後、Cは別の会社にも親族や友人の8名も連れて入社し、そこでも人材派遣事業を立ち上げていると噂を聞きました。このCとその親族・友人は、企業に入り込んで給料をむしりとろうとするだけの集団にすぎないのかもしれません。

　このA社B社長の失敗をまとめましょう。

・自分では人材派遣事業に一切関わろうとせずCに全てを任せた
・Cはむちゃな要求（親族や友人を多数入社させようとするなど）をしているのに受け入れてしまった

・本業の立て直しではなく、新事業に依存してしまった

②儲け話を持ってきた人が儲かり、乗っかった経営者は損をするだけ
「自分は、画期的な新商品を開発した。これは3年後、50億円規模になる事業である。だから投資をしないか」

　このような話を聞いたことはないでしょうか。事業に投資してしまい、その投資が返ってこない状態になっている会社を私はよく見ます。
　投資を受けた側では、資金を事業拡大のために本当に使ったけれども事業が成長していないのかもしれないですし、もしくは事業拡大のためには使わず別のことに使い込んでいるのかもしれません。

　ある飲食店チェーンが、海外展開のため出資者募集として、お金を数億円集めたものの、その飲食店チェーンは2年後倒産してしまいました。
　考えてみると、集めた資金は海外展開のために使われず、その会社の資金繰りに使われた可能性がありますし、もしくは経営者が個人でお金を隠したのかもしれません。
　このような投資の話は、投資を受ける側がどのように使うのか、目に見えません。いずれにせよ、このような儲け話でうまくいった話を見たことはほとんどありません。
　多くの場合、投資した資金は返ってこず、会社の資金繰りを厳しくする一因となっています。また銀行は、融資をしたお金をそのような儲け話に使う経営者を信用せず、新しい融資を出さないようにします。
　なおこの他に、ムダな新事業に手を出すケースとして、経営者の道楽としか思えない事業に手を出すケースがあります。

例えば夜の飲食店などです。銀行から融資を受けられて多くの現金が一時的にあるのを見て気が大きくなってしまうのでしょうか。そして案の定、その新事業はうまくいかず、赤字を出し続け、資金繰りの厳しさにいっそう拍車をかけます。

（8）社員に横領される

　社員の横領は、中小企業にとっては日常茶飯事です。中小企業は大企業と違い、内部管理体制がゆるいことが多いです。

　私が、資金繰り改善コンサルティングに入った会社では、まず会計データの中身をチェックします。

　毎月の損益がわからない会社も多く、その場合は毎月の損益を出せるようにすることからはじめます。毎月の損益がわかる会社であれば、会計データがありますのでチェックします。

　その中で、経費の内容を1つひとつチェックします。

「これは何の経費ですか？　何に使っていますか？　経費を使ったことによる効果はどれだけ出ていますか？　削減できる経費ですか？」

　特に金額が大きい経費が見つかった時がありました。A社では、広告宣伝費として毎月、B社に対して100万円、ある月には150万円の支払いがされていました。A社の経営者はその経費の存在自体知らなかったので、経理部長を追及したところ、横領が発覚したのです。

　B社は、A社の営業部長の妻が代表の会社でした。経理部長とその営業部長は、結託して自分の勤めているA社から毎月100万円、1年半で計1,500万円もの横領をしていたのです。

しかし私が指摘するまでは、Ａ社の社長は横領にまったく気づいていませんでした。Ａ社は５年間ずっと赤字ですが、銀行借入が２年前までできていたことと、それまで銀行から受けられるだけ融資を受けていたことから、現金はまだ残っていました。
　横領社員はそこにつけ込んだのでしょう。

　この会社は５年間ずっと赤字で、社長も黒字にする気力がない、そして現金はまだ残っている、経理業務は経理部長に任せっきりで社長は何も気にしない、だから、会社が倒産するまで目いっぱい横領してしまえ、と横領社員は考えたのでしょう。

　この事例のように、横領は特別なことではなく、中小企業で日常的に起こるです。真面目な社員でも、ふとしたきっかけで「ばれなければいいや」「あとで返せばいいや」と横領をしてしまうものです。真面目に見える社員ほど、気をつけなければなりません。
　社員に横領されると、資金繰りは当然、厳しくなります。そして横領がわかったあとの、経営者の精神的ダメージは大きいです。今まで信頼していた社員が、自分を裏切ったのですから。社員が横領しないように、社長自ら目を光らせなければなりません。

（９）ムダな自社ビル、自社店舗を持つ

　最近は少なくなってきましたが、昔の企業は、少し儲かると自社ビルを建てたものです。経営者の満足と、対外的な見栄のために、必要もない自社ビルを、銀行から融資を受けて建てました。銀行としても融資を増やすきっかけがほしく、わざわざ土地を紹介して、企業に自社ビルを建てさせようとしました。

自社ビルはそれ自体が利益を生み出すものではありません。本社としての機能は、賃貸のオフィスで十分に果たせます。わざわざ自社ビルを建てる必要はないのです。
　無理に自社ビルを建てると、よほど自己資金が豊富でない限りは借入を起こさなければならないため、その会社の借入金は大きくなります。業績がよい時はなんとかなっても、業績が悪化して返済負担と利息負担が重くのしかかっている例はよく見かけるものです。

　また小売店や飲食店でも、店舗は物件を購入するのではなく、賃貸で十分です。小売店や飲食店は、立地条件が、売上が上がるかどうかの大きな要因になるものです。その店舗の売上が芳しくなければ、撤退を考えなければなりません。しかし店舗を自社で所有すると身動きがとれなくなり、状況に応じた行動をとれなくなります。そこへ返済負担と利息負担が重くのしかかって、資金繰りを厳しくさせます。

　以上、資金繰りにおいて経営者が絶対にやってはいけないこととして9つのパターンを見てきました。
　資金繰りが厳しくなる一番の原因は事業が赤字であることですが、それに加えてこれらのパターンのうちどれかが重なって、資金繰りの厳しさに拍車をかけている会社は多いです。本業の改善に力を入れず、余計なことに手を出してしまう経営者が多くいます。経営者がやってはいけないことをやらないように気をつければ、資金繰りがいっそう悪化することは少なくなります。
　経営者は、まず本業の利益が上がるようにすることに力を入れなければなりません。余計なことにエネルギーを使ってはいけません。本業に集中すること、これが、資金繰りをよくしていくことにつながっていきます。

6-14 資金繰り改善のために考えるべきこと

（1）在庫

　在庫を抱える事業の場合、商品が売れて現金になるまでに、次の過程を経ます。

> 現金 → 在庫 → 売掛金 → 受取手形 → 現金

　仕入れた商品が在庫となり、小売業の場合すぐに現金になることが多く、卸売業であればそれは売掛金となることが多いです。
　売掛金は、現金として回収することもあれば、受取手形として回収する場合もあります。受取手形となった場合、手形の支払期日にやっと現金化されます。
　この動きの中で、在庫・売掛金・受取手形のいずれかの状態では、まだ現金ではありません。その分、現金は少なくなります。現金が少ないということは、資金繰りは厳しくなるということです。

◆在庫の回転期間

　ここで考えるのは、自社の在庫の「回転期間」です。在庫回転期間は、次の式で計算されます。

> 在庫回転期間＝在庫金額÷月間仕入高

決算書を見て、「棚卸資産」、つまり在庫が8,000万円、月間仕入高が4,000万円であれば、在庫回転期間は2ヶ月となります。
　在庫回転期間が長いのは、在庫が現金とならずにとどまっている期間が長いということです。資金繰りが厳しいことを示します。
　この在庫回転期間が長くならないように在庫管理に気をつけなければなりません。

　注文を受けて商品を仕入れたり製品を作ったりする流れであれば、在庫回転期間は短くなります。小売店の場合、在庫が少なければ品ぞろえも薄くなって商品の販売機会を逃してしまうこともあり、バランスが難しいところです。

◆決算書上の在庫
　なお決算書における在庫金額は、銀行も気にするところです。
　銀行は、業界平均に比べて、在庫が多いか少ないかを見ます。在庫が多ければ、銀行はその原因を探ります。「架空在庫」や「不良在庫」を疑うこともあるでしょう。
　銀行が価値のないと評価した在庫は、その分、差し引かれます。例えば次のような会社があるとします。

・在庫　6,000万円
・貸借対照表の純資産　1,000万円

　在庫6,000万円のうち2,000万円は在庫の実態がないと銀行がみなせば、「総資産」から△2,000万円差し引かれます。

実質的な純資産は貸借対照表の純資産1,000万円から2,000万円を引いて、△1,000万円となり、「実質債務超過の会社」という烙印を押されてしまいます。

◆業界別の棚卸資産の金額
　業界平均の棚卸資産の金額は、月商で示すと次のとおりです。

```
製造業…1.5〜2.0ヶ月分
卸売業…1.0〜1.5ヶ月分
小売業…1.5〜2.0ヶ月分
```

　この数字は、業種を細分化（例：製造業では食品製造、繊維製造など）すると違ってきますし、また各企業の特性によって違ってきますので、だいたいの目安としてください。

　在庫が多くなってしまうのは、次のような原因があります。

・在庫管理体制ができておらず、仕入れすぎてしまっている
・今後売れる見込みのない在庫をたくさん抱えている
・架空の在庫を計上し、決算書をよく見せようとしている

　あなたの会社の在庫金額が大きければ、その金額を小さくするにはどうすればよいか、対策を考える必要があります。
　在庫金額が少なくなれば、資金繰りはその分改善され、在庫金額が少ない会社は銀行からの評価が高くなります。

（2）売上が急激に伸びている場合

　売上は、増えれば増えるほど、資金繰りはよくなると思うかもしれません。しかし多くの会社では、売上が増えれば増えるほど、資金繰りは厳しくなるのです。

　なぜでしょうか。

　下記のような卸売業で例えて考えていきましょう。

年商　1億8,000万円（月商 1,500万円）
売上原価　1億4,400万円（月平均 1,200万円）
　※売上高（売上原価は仕入高と同じとする）の80％
売掛金の回収までの期間　1ヶ月
在庫の回転期間　2ヶ月
買掛金の支払いまでの期間　1ヶ月

　この会社の売掛金、在庫、買掛金は次のようになります。

売掛金　1,500万円（月商 1,500万円×1ヶ月）
在庫　2,400万円（月仕入 1,200万円×2ヶ月）
買掛金　1,200万円（月仕入 1,200万円×1ヶ月）

　これを貸借対照表で見ると、次のようになります。

資産の部		負債の部	
売掛金	1,500	買掛金	1,200
在庫	2,400		

資産の部に、売掛金1,500万円、在庫2,400万円が計上されているものの、まだ現金化されていないため、資金を立て替えている金額となります。その金額は3,900万円にもなります。

> 1,500万円＋2,400万円＝3,900万円

　一方で買掛金は、逆に買掛先に立て替えてもらっている金額であり、この会社では1,200万円となります。

◆経常運転資金

　この会社から見て、立て替えている金額は3,900万円、逆に立て替えてもらっている金額は1,200万円、その差額2,700万円は、この会社が差し引きで立て替えている金額です。

　その分、この会社の現金が少なくなることになります。銀行から融資を受けて補充する場合、銀行では「経常運転資金」といういい方をします。この会社の経常運転資金は2,700万円です。

　その計算方法は、次のようになります。

> 経常運転資金＝（売掛金＋在庫）－買掛金

　手形を受け取ったり、支払手形で支払ったりしている企業は、これに加えて、次のように計算します。

> 経常運転資金＝（売掛金＋受取手形＋在庫）－（買掛金＋支払手形）

◆増加運転資金の調達

では、この会社の売上が増えて、年商が2億4,000万円、月商が2,000万円となり、他の条件が変わらないとすると、売掛金・在庫・買掛金は次のようになります。

売掛金　2,000万円（月商2,000万円×1ヶ月）
在庫　　3,200万円（月仕入1,600万円×2ヶ月）
買掛金　1,600万円（月仕入1,600万円×1ヶ月）

年商2億4,000万円となり売上が増えたこの会社が立て替えている資金、つまり経常運転資金は、

（売掛金2,000万円＋在庫3,200万円）－買掛金1,600万円
＝3,600万円

となり、売上が増える前の2,700万円から3,600万円へと経常運転資金は900万円も増加します。

これを見ると、売上が増えれば増えるほど、会社が立て替えなければならない資金は増加することがわかります。

増加した立替金のために、融資で調達して補充することを、「増加運転資金の調達」といいます。

経常運転資金は、次のような会社の場合、現金立替が少なくて済みます。

・売上代金がすぐに回収できる現金商売→売掛金が発生しない

・在庫が少ない会社→在庫分の現金立替が少ない

　例えば飲食店は、食材の在庫は数日分しか保有せず、売上を現金で回収するのであれば経常運転資金はほとんど発生しないことになります。

　このように、売上が増加する会社であれば、増加の結果、運転資金はいくら必要となるのかを計算し、それを融資必要の理由として銀行に説明すると、説得力があります。
　また現金商売で在庫も少額で済む会社であれば、経常運転資金は発生しないか少額で済むため、運転資金で融資を受けようにも、銀行への説明が難しくなります。
　現金商売で在庫も少額で済む業種としては、飲食業、美容室やエステサロン、不動産仲介業などがあります。

Chapter 7

資金調達に動く
- 銀行からの借入 -

7-1 金融機関の使い分け

　資金繰り表を作ることで、いつ資金が不足するかを早い時期に知ることができるようになりました。

　資金不足の時にとるべき手段は、第一に資金調達です。まずは銀行から資金調達ができないかを考えます。中小企業が融資を受けるには、次の3つが考えられます。

（1）銀行（信用金庫・信用組合も含む）
（2）政府系金融機関
（3）ノンバンク

（1）銀行（信用金庫・信用組合も含む）

　銀行には、メガバンク、地方銀行、信用金庫・信用組合があります。メガバンクとは三菱東京ＵＦＪ銀行・三井住友銀行・みずほ銀行のことをいい、各都道府県にある地方銀行とは区別します。

　それぞれ説明していきましょう。

◆メガバンク

　まずメガバンク。年商10億円以上の会社でないと、なかなか相手にしてもらえません。一部のメガバンクでは信用保証協会保証付融資（以後、保証付融資）を年商10億円未満の中小企業に勧めてきますが、プ

ロパー融資、つまり保証付でない融資は、年商10億円未満である限りメガバンクからは期待できません（プロパー融資と保証付融資の違いは163ページを参照）。

　プロパー融資は保証協会の保証がつかない分、融資審査のハードルは高いですが、保証協会の保証枠というような融資金額の上限がありません。保証付融資とともにプロパー融資も受けられるよう動いていきたいものです。

◆地方銀行や信用金庫等

　保証付融資を受けるのなら、将来プロパー融資も受けることが期待できる分、地方銀行や信用金庫・信用組合（以下、信用金庫等とする）で受けたほうがよいでしょう。

　年商10億円未満の会社は、地方銀行や信用金庫等を中心に融資を受けていきたいものです。

　また地方銀行・信用金庫等は、実行金額が数千万円となる運転資金・設備資金の融資だけでなく、実行金額が数百万円程度の細かな融資にもこまめに対応してくれます。

　また企業側が依頼すれば、銀行のほうで担当者をつけて、毎月訪問してきてくれるようになります。

　特に地方銀行の中でも規模の小さな銀行や、信用金庫等は、さらにきめ細やかに対応してくれます。その地域に根づいている金融機関として、企業と共存共栄のスタンスです。それがメガバンクとの違いでしょう。

　企業の業績が悪くなったからと、親身になって相談に乗ってくれる人が、地方銀行や信用金庫等には多いです。

　一方でそういう時のメガバンクの姿勢は厳しいです。そこを考えて

も、年商10億円未満の企業は、地方銀行や信用金庫等を中心として融資を受けていくのが望ましいでしょう。

◆信用金庫等の注意点

ただし、信用金庫・信用組合から融資を受ける時に気をつけておきたいことがあります。信用金庫・信用組合には、それらの支店の地区内に事業所がない会社に対しては融資ができないという規制があるのです。困るのが、会社の事務所を信用金庫等の支店の地区内から地区外に移転する時です。事業を行う中でよくあることですが、地区外に移転することになると、今まで融資をしてくれた信用金庫等がとたんに融資をしてくれなくなることがあります。

信用金庫・信用組合から融資を受けようとする場合、今後の事務所の移転予定も考慮する必要があります。

◆メガバンクのメリット

反対に、メガバンクには次のようなメリットがありますから、年商10億円以上の会社は、メインバンクにしてもよいでしょう。

・地方銀行や信用金庫等に比べて大きい金額の融資を行いやすい
・優良な企業に対しては安い金利を提案してくれやすい
・海外展開やM＆Aなど広いアドバイスをしやすい

（2）政府系金融機関

中小企業が融資を受けることのできる政府系金融機関には、「日本政策金融公庫」と、「商工組合中央金庫」があります。
また日本政策金融公庫には次の3つの事業があります。

・国民生活事業
・中小企業事業
・農林水産事業

　特に中小企業にとって、活用する機会が多いのは日本政策金融公庫の国民生活事業です。しかし日本政策金融公庫が出せる融資金額には限界があります。
　企業が融資を多く受けられるようにするためには、日本政策金融公庫はあくまで民間銀行の補完と考えるようにします。
　なお日本政策金融公庫の中小企業事業や商工組合中央金庫の融資先は、年商規模が、国民生活事業のそれよりも大きいイメージです。
　メガバンクが相手をするような企業です。

（3）ノンバンク

　「ノンバンク」とは、銀行や信用金庫等を除いた、貸金業務を営む金融会社のことを指します。
　それぞれのノンバンクで、数百万円までの小口の無担保融資を専門にしたり、売掛債権担保融資や不動産担保融資を専門にしたりするなど、特徴があります。

　10年以上前、中小企業向けノンバンクは「商工ローン」といわれ、取り立てが厳しいイメージがありました。
　その後、「グレーゾーン金利」でとりすぎた利息の過払い請求が多く起こったことをきっかけに、多くの商工ローンは淘汰され、今ではノンバンク全体のイメージはよくなりつつあります。

しかし金利が銀行に比べて高く、5〜15％あたりとなります。民間の銀行で融資を受けられるのなら、ノンバンクは使わないようにしましょう。
　銀行からの融資が困難であれば、一時的な立て替えの「つなぎ資金」、もしくは会社の立て直しのために現金を潤沢に持つための資金など、臨機応変な使い方ができます。
　ただノンバンクから融資を受ける前に、高い金利でのノンバンクからの融資が、低い金利である銀行への返済に回らないように銀行融資の返済の減額・猶予、つまり「リスケジュール」（詳細は214ページ以降）を行う必要があります。

　以上、それぞれの金融機関の特徴を覚えて、うまく融資を受けられるようにしておきたいものです。

7-2 融資を受ける銀行の数を増やす

あなたの会社が融資を受けている銀行の数はいくつありますか。

どんな規模の会社でも、1つの銀行だけとの取引はやめ、複数の銀行から融資を受けておくべきです。

その理由は、次の2つです。

（1）もし1つの銀行から融資が受けられなくなったら、
　　 他に融資を受ける選択肢がなくなってしまうから

（2）銀行が融資をしたい会社であったら、複数の銀行があったほうが、
　　 金利の競争が起こり、結果、金利が低くなりやすいから

（1）もし1つの銀行から融資が受けられなくなったら、他に融資を受ける選択肢がなくなってしまう

銀行は、今まで融資実績がない会社に対しての融資審査は慎重になります。そのため、1つの銀行だけとの取引をしてきて、その銀行から融資が受けられなくなった時に、新規の銀行から融資を受けるのは難しいです。

早い時期から複数の銀行と取引をして、それぞれの銀行で返済実績を作っておきたいものです。

（2）銀行が融資をしたい会社であったら、複数の銀行が
　　あったほうが、金利の競争が起こり、金利が低くなりやすい

　私は銀行員時代、自分の銀行からしか融資を受けていない企業に融資をする時、金利を高めに設定していました。

　なぜならそのような企業は、他の銀行から融資を受けていないため金利の相場を知らず、高めの金利をいってもすんなりと受け入れてくれることが多かったからです。

7-3 融資を受ける銀行の増やし方

　複数の銀行と取引をするメリットはご理解いただけたと思います。では、融資を受ける銀行の数を増やすにはどうしたらよいでしょうか。

　まずやってはならないのは、預金取引さえもない銀行にいきなり融資を申し込むこと。

　銀行から見れば、このような一見客は、「他に3つも5つも、融資を断られてこちらに来たのではないか」という見方をしかねないからです。

　新しい銀行に近づくには、次の3つの方法があります。

（1）興信所会社に自分の会社の情報が掲載される
（2）近所の支店で預金口座を開設する
（3）人に紹介してもらう

（1）興信所会社に自分の会社の情報が掲載される

　帝国データバンクなどの興信所会社に自分の会社の情報が掲載され、かつ、興信所会社からつけられている評点が高くなると、銀行のほうから、電話や訪問で営業に来るようになります。

　銀行は新規融資先を開拓する時、興信所会社の情報から訪問先を探すものです。そのため興信所会社に情報が掲載されていれば、銀行の

ほうから電話や訪問をしてくれるのです。

　また評点を高くするには、興信所会社から調査が入った時に、

・決算書を開示し自社の情報を丁寧に説明すること
・経営者が興信所会社の調査員へしっかりと答える

　……などが有効です。

（2）近所の支店で預金口座を開設する

　法人や個人事業主が銀行で預金口座を開設する時、銀行は事前に一度、その会社の事務所を訪問し、実態があるかを見るとともに、経営者と面談をします。
　なぜなら実態のない会社の預金口座を開設されてしまったら、その口座が後に詐欺などの犯罪に使われたり、反社会的勢力の口座として使われたりするなど、銀行は後々、面倒なことに巻き込まれかねないからです。

　銀行員が訪問してきた時に、融資量の増加や新規融資先開拓などの目標が設定されているのであれば、預金口座を作りたい会社に対して、融資の話もしてくるものです。

　新規の会社が預金口座を作るのは、新規融資先獲得のチャンスです。それをきっかけとして新規銀行から融資を受けられるようにします。

　なお銀行からは、預金口座を開設するにあたって「なぜうちの銀行

で預金口座を開設しようと思ったのですか？」と聞かれます。

その理由も用意しておきます。

例えば、「近所だから」は、銀行として最も納得のいく理由です。

（3）人に紹介してもらう

　新しい銀行に近づく方法の3つ目は、新規に融資を受けたい銀行からすでに融資を受けている知り合いの社長や、その銀行を知っている顧問の税理士などに、紹介してもらう方法です。

　銀行としては、知っている人からの紹介であれば安心できます。

7-4 審査を通しやすくするための銀行との付き合い方

(1) 融資審査の稟議書の回り方

　私は東海地方の地方銀行に7年半勤め、法人営業を中心にやってきました。法人営業は、融資の営業が中心です。企業から融資の申し込みがあったら、私は自分で稟議書を書いていました。
　融資の申し込みがあった場合、融資の審査は稟議の形で行われます。

　銀行には本部と支店があります。私の勤めていた銀行は本部が17階建てのビルで、支店が150ヶ所ありました。
　支店は、預金係、融資係、得意先係と分かれています。

・預金係…窓口で顧客と預金や振込などのやりとりや、中で出納や振込事務を行う係
・融資係……支店の中で融資審査を行う係
・得意先係……融資増加や新規取引先開拓など支店の業績を上げるための営業活動を行う係

　それぞれの係に係長が存在し、その上が次長（副支店長）、支店長、という構造になっています。役職の名称は銀行によって異なります。

　稟議書は、次ページ図の順番で回覧されます。

◆稟議の順番

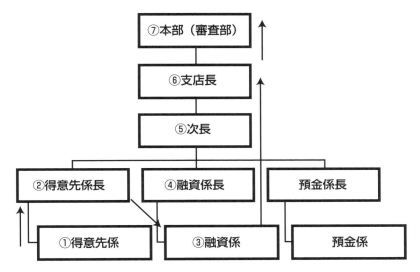

①まず企業を担当する得意先係が稟議書を書く
②その上司である得意先係長に回覧される
③融資係に回される
④融資係長に回覧される
⑤次長に回覧される
⑥支店長に回覧される

　支店長が最終決裁者になる場合もあれば、支店から本部（審査部・融資部などの名称の部）に回され、本部が最終決裁となる場合もあります。
　案件によっては、役員や頭取が最終決裁者になる場合もあります。

　誰が最終決裁者になるかは、それぞれの銀行で基準が決められています。その銀行からの融資総額や、企業の債務者区分（融資先企業の財務

状態や返済状況から銀行が企業の信用度を区分したもの）、支店の格などで決まります。

全ての支店には「格」があり、例えば次のように決められています。

・中心都市の、さらに中心の支店など、大規模な企業との取引が多く、
　支店の融資総額が大きい支店→A
・周辺地域にあり、小規模企業や個人との取引が多く、
　融資総額が小さい支店→C

支店の格が高いほど、銀行の中でも位が上の支店長が赴任します。

（2）支店長が最終決裁できる金額を意識する

申し込まれた融資案件が支店長で最終決裁できるのか、本部で最終決裁となるかは、次の例のような基準を、各銀行で決めています。

支店長が決裁できる、1企業への融資総額（信用保証協会の保証部分は除く）

支店の格	正常先	要注意先
A	1億円	3,000万円
B	5,000万円	2,000万円
C	3,000万円	1,000万円

1件1件の融資申し込み金額ではなく、その企業に対して銀行が出している融資総額が基準になることに注意してください。

例えばある会社が、上記の銀行からすでにプロパー融資4,000万円

の融資を受けているとします。支店の格はB格で、その会社の債務者区分は「正常先」です。

前ページの表を見ると、支店長決裁は5,000万円までですので、新たな融資をプロパー融資として3,000万円申し込んだら、

> 4,000万円＋3,000万円＝7,000万円

となり、支店長決裁の上限である5,000万円を超え、本部が最終決裁者となります。

支店長が決裁できる金額以内に収まるかどうかは、融資の審査を通しやすくするポイントの1つです。

支店長決裁の融資は審査を通しやすく、本部決裁の融資は審査を通しにくくなります。

支店の業績を上げることは支店長に課せられた仕事の1つです。そのためには、融資量の増加は重要です。支店長は、融資をできれば通したいと思っています。

一方で本部にある融資の審査を行う「審査部」は、貸倒れを出さないことに重点を置いていますから、本部決裁の融資案件となると、審査が厳しくなり、本部の審査が必要となる分、審査の時間は長くなってしまいます。

支店長決裁の金額を担当の銀行員に聞き、支店長決裁内での融資金額となるような融資の申し込みをするのは、融資審査を通しやすくする方法の1つです。

ただ、あまりにも支店長決裁の上限を意識しすぎると、その銀行か

らは多くの融資を受けられないことになってしまいます。

　本部決裁の融資を通せるような、優良な企業になることを目指したいものです。

（3）支店内のキーマンとのコミュニケーションのとり方

　銀行の融資審査は稟議で行われますが、稟議制度では、最終決裁者までたくさんの人に稟議書が回覧されます。

◆第1のキーマン：支店長

　支店内の他の行員が全て「この融資案件は実行したくない」と反対意見であっても、支店長が可といったら融資審査は通ります。逆もまた然りです。

　また本部決裁の融資案件でも、支店長が可で通してくれなければ、本部に稟議書は上がりません。支店長が可として本部に通してくれた案件は、本部が審査を通すのに慎重になると、支店と本部との交渉になります。その中で支店長が、融資を通したいと本部に主張してくれる場面も多々あります。

　そう考えると、支店長は融資審査を通すための、第1のキーマンです。

　支店長は支店を経営する立場であり、支店の業績を伸ばすために日々奔走しています。

　融資審査を行うだけではなく、支店が取引している中でＶＩＰ先（重要な先）を訪問したり、銀行の本部の部長や役員が支店にやってきたらその対応をしたり、顧客とゴルフの付き合いをしたり、地域の会合へ参加したりするなど、支店長は実に多忙なのです。

◆第2のキーマン：融資係長

そのため支店長は稟議書を細かく見ることができません。

そこで、第2のキーマンとなるのが、融資係長です。

稟議書を細かく見て、支店長に意見を述べる立場にあるからです。支店長も融資係長の意見を尊重します。

◆コミュニケーションのとり方

このように、融資審査のキーマンは、第1が支店長、第2が融資係長となります。しかし企業側からしたら、支店長と融資係長は、会う機会が少ない遠い存在です。

銀行は、融資審査を稟議で行っています。稟議とは、銀行の担当者が融資審査の稟議書を書き、それが支店や本部の中で回覧されてそれぞれ意見を書き、最後は決裁者が決裁する、というものです。

銀行の稟議制度では、融資を申し込んだ企業の経営者と会ったことのない銀行員であれば、企業の事業内容や業績、今後の経営計画などは稟議書で知るしか手立てがなく、稟議書の書き方に融資審査が左右されやすくなります。

それを克服する方法の1つとして、支店長と融資係長と顔見知りになっておくことがあります。支店長や融資係長と実際に会った時、自分の会社の事業内容、業績、経営計画、会社のビジョンなど、経営者の口から語りたいものです。

支店長や融資係長としても、まったく会ったことのない経営者より、1回でも会ったことのある経営者のほうが、信用しやすくなります。

もしあなたが支店長や融資係長と会ったことがなければ、会う機会を作ってください。

◆支店長と会う機会の作り方：決算説明

　支店長と会う機会の作り方でよいのは、決算説明を行うことです。決算説明とは、年1回、決算書ができたあと、経営者が銀行に訪問し支店長に決算書の説明をすることです。銀行が高く評価する会社の多くは、このような決算説明を行っています。

　担当者に頼んで支店長にアポイントをとってもらい、銀行に訪問してください。また決算説明の時、自分の会社の事業内容、商品やサービス内容を説明し「時間があったら今度、私の会社に遊びに来てくださいよ」と伝えてみましょう。

　会社の事務所や、店舗・工場などを見てもらうことにより、支店長があなたの会社を理解しやすくなります。

◆融資係長と会う機会の作り方：試算表

　次に融資係長と会う機会の作り方です。

　3ヶ月に1回は試算表を持って支店に訪問して会いに行ってください。会った時、融資係長に、自分の会社の事業内容や商品、サービス内容、業績、経営計画、将来のビジョンなどを話します。

　そうすると融資係長はあなたの会社のことを理解しやすくなり、よい印象を持つようになります。

　銀行の融資審査で、稟議書に否定的な意見を書くのはだいたい融資係です。なぜなら融資係は貸倒れを出さないことが上からの評価につながるからです。

　その融資係の行員があなたの会社によい印象を持ち、融資審査時、稟議書に前向きなことを書いてくれれば、それだけ審査が通る可能性は高くなります。

(4) 銀行から訪問してもらう

3ヶ月に1回、融資係長に会いに銀行を訪問する一方で、1ヶ月に1回、銀行の得意先係が、あなたの会社に訪問してくるようにもしてください。

◆得意先係に、自社へ訪問してもらう

得意先係とは、支店の業績向上、例えば支店の融資総額増加や新規融資先獲得などを目的として、顧客を訪問して営業する係です。

銀行では半期に1回、本部から各支店に支店の業績目標が課され、支店の業績目標が得意先係それぞれに割り振られます。

そのため得意先係は、多くの融資案件を獲得してこなければなりません。

また融資の申し込みは、企業から銀行に声をかけてからではなく、銀行から企業に先に声をかけてもらうほうが、その後の審査がスムーズに進みやすいです。

企業が先に融資の申し込みを話したら、資金繰りに困っているのでは、と銀行には見えてしまいます。銀行からあなたの会社に融資の提案をさせるため、銀行の得意先係が1ヶ月に1回はあなたの会社に訪問してくる形ができるとよいのです。

◆毎月、試算表をとりにきてもらう

しかし現状、あなたの会社に銀行員がなかなか訪問してこない場合、どうしたらよいのでしょうか。

銀行員の立場になって考えてみます。銀行員としては、あなたの会社を訪問する名目がほしいのです。なぜなら、なんの名目もなしに企

業に訪問すると「何しに来たの？」というような顔をされることが、銀行員にとっては嫌だからです。

そのような顔をされるのが嫌だから、特に用事もない中で銀行員は企業になかなか訪問しづらいのです。

では、銀行員が企業を訪問しやすい名目はなんでしょうか。それは、「1ヶ月に1回、試算表をとりに来て」だけでよいのです。

3ヶ月に1回は、あなたの会社のほうから銀行を訪問し試算表を渡しますが、それ以外の月は、銀行の得意先係からあなたの会社へ試算表をとりに来てもらいます。

あなたの会社が銀行を訪問する月であっても、得意先係からも気軽にあなたの会社に来てもらいます。

銀行員が訪問してきたら、試算表を渡して終わりではなく、30分ぐらい応接で会話をします。営業の意識が高い得意先係であれば、訪問の都度、企業への提案を持ってきてくるものですが、そうでない得意先係でも、提案を持ってきてくれるように話をしておきます。

銀行員があなたの会社に訪問してくる都度、何か提案を持ってくるような習慣をつけさせるようにするのです。

◆月次資金繰り表

また毎月、試算表と一緒に、「月次資金繰り表」を提出します。そこには今後の資金繰り予定を書き、今後、何月に資金が不足するのか、資金繰り表をもとに話をします。

資金が不足する月の2～3ヶ月前には、新たな融資に向けて動いてほしいものです。

自分の会社の資金繰り予定を得意先係に毎月説明すると、得意先係は融資が必要な時期を把握でき、融資の提案をしてくれます。

7-5 信用保証協会保証付融資とプロパー融資

　銀行の融資には、保証付融資とプロパー融資とがあります。
　信用保証協会の保証がついた融資を「保証付融資」、そうでない融資を「プロパー融資」といいます。
　またこの他に、ノンバンクが保証会社となって銀行の融資の保証をしてくれるものもあります。その違いを把握し、うまく使い分けることは、銀行からの融資を増やすにはとても重要なことです。
　プロパー融資の審査が通るなら、保証付融資よりもプロパー融資で融資を受けるとよいです。それには次の2つの理由があります。

（1）保証付融資には保証枠があるが、プロパー融資にはない
（2）保証付融資よりも、プロパー融資のほうが審査は厳しい

（1）プロパー融資には保証枠がない

　保証付融資には保証枠があります。

・無担保融資の場合：8,000万円
・担保を含む場合：2億8,000万円

　これは全ての銀行、合算してのものです。一方、プロパー融資にはこのような枠はありません。

保証付融資では、経営革新計画、セーフティネット保証による別枠をとれることもあります。
　以上は保証協会の制度上の保証枠ですが、それとは別に保証協会で目安としている運転資金の総額の目安があり、それは月商の3ヶ月分です。

　例えば年商2億4,000万円、月商2,000万円の会社で、担保となるものがなければ、保証協会の制度としての無担保保証枠は8,000万円、一方で保証協会が一企業に出す運転資金の保証の上限の目安は月商の3ヶ月分、6,000万円です。
　この会社が運転資金を保証付融資で受けたい場合、期待できる上限は6,000万円となります。ただし保証協会も、銀行が融資審査を行うのと同じように、保証のための審査を行います。
　なぜなら企業が保証付融資を返せなくなった場合、企業の代わりに保証協会が銀行に返済しなければならないからです。その後、保証協会は企業に取り立てることになります。
　業績が悪い企業、財務内容が悪い企業の場合は、6,000万円も保証してもらえないかもしれません。

　保証付融資には以上のような保証枠がある中、会社が成長するにつれ運転資金や設備資金など、多くの融資が必要になってきます。保証付融資のみで融資を受けていたら、この保証枠が埋まってしまうと、それ以上の保証付融資は受けられなくなります。
　保証付融資のみで融資を受ける状態を早く卒業し、プロパー融資でも受けられるようにしていきたいです。

（2）保証付融資よりもプロパー融資のほうが審査は厳しい

　信用保証協会は、保証協会が保証人となることで企業が銀行から融資を受けることを容易にし、企業の育成を金融の面から支援する、という使命があります。

　保証協会が保証を行うには審査が必要ですが、このような使命があるため、銀行のプロパー融資の審査より、保証協会の保証審査のほうが通りやすいものです。

　なお保証付融資の場合でも、保証協会に加えて銀行の融資審査も行いますが、保証付融資では、将来貸倒れとなった時に銀行が負担しなければならない金額は貸し倒れた金額の２割のみ（制度によっては銀行の負担が０の融資もあり）の負担なので、保証協会の保証審査が通ったら銀行でも融資審査を通しやすくなります。

　そう考えると、審査が厳しいプロパー融資で融資が受けられるのであれば、保証付融資の枠はあとにとっておいたほうがよいことがわかります。将来会社の業績が悪化して銀行のプロパー融資の審査が厳しくなった時に備え、保証付融資の枠を空けておくようにします。

7-6 プロパー融資をどう受けられるようにしていくか

　今まで保証付融資のみの会社が、プロパー融資を受けられるようにはどうしたらよいでしょうか。次の３つの方法があります。

（１）銀行間で競争させる
（２）銀行にとって出しやすい融資で提案してもらう
（３）保証付融資と抱き合わせで提案してもらう

（１）銀行間で競争させること

　あなたの会社が、次のような状況だったとします。

・Ａ銀行から3,000万円を全て保証付融資で融資を受けている
・Ｂ信用金庫から1,500万円を全て保証付融資で受けている
・Ｃ銀行が、新規融資先の開拓を目的として訪問

　他の銀行と同じようにＣ銀行は、保証付融資で提案したい、といってくるかもしれません。その時、Ｃ銀行にこう聞いてください。

「保証付融資であれば、Ａ銀行とＢ信用金庫で間に合っている。プロパー融資で提案できないのか」

新規融資先の開拓は、銀行で力を入れていることの1つです。
　C銀行の担当者は、プロパー融資でもよいから融資を出して、新規融資先獲得の目標件数に近づけたいと考えるかもしれません。

　もし、C銀行から保証付融資を受けることになるとしたら、A銀行とB信用金庫から保証付融資を受けている中、意味ある行為ではありません。新規銀行のC銀行にはプロパー融資で提案させましょう。
　また新規銀行ではなく既存行においても、銀行間での競争をあおって、プロパー融資で提案させるようにします。

　この例で、既存のB信用金庫が保証付融資の提案をしたいといってくれば「メインのA銀行で保証付融資は間に合っている。B信用金庫から融資を受けるなら、プロパー融資で受けたいから提案してくれないか」といいます。

（2）銀行にとって出しやすい融資で提案してもらうこと

　銀行にとって出しやすい融資があります。その観点は、「融資金額」「返済期間」「資金使途」の3つです。
　融資金額は小さいほど、返済期間は短いほど、資金使途は何に使おうとしているのかがわかりやすいほど、銀行は融資を出しやすくなります。

　保証付融資のみで融資を受けている銀行に、プロパー融資への第一歩を踏み込ませるため、きっかけを作ります。そのきっかけには、「つなぎ資金」「季節資金」「賞与・納税資金」の融資があります。

◆「つなぎ資金」の例

例えば建設業は外注費や材料費の支払いが先に来て工事代金の回収があととなりがちです。このように、支払いが先行する取引がある場合、支払時に融資を受けて、売掛金回収時に一括で返済する融資を「つなぎ資金」といいます。

大きな支払いが先行する取引があれば、どの業種でもつなぎ資金の融資は銀行に検討してもらえます。

◆「季節資金」の例

例えばアパレル製造業は在庫備蓄の時期と在庫販売の時期がはっきりと分かれ、在庫備蓄の時期は資金不足に陥りがちです。

このように季節ごとに資金繰りの波が激しい事業の場合、資金不足となる時期に融資を受けて、売掛金が多く回収される時期に融資を返済します。その間をつなぐ融資を「季節資金」といいます。

◆賞与納税資金

賞与や納税は一時期的に大きな支払いとなりますが、その支払いのための融資です。次の賞与や納税の時期までの短期間での返済となります。

以上のような資金使途の融資は、銀行にとって出しやすい融資です。

融資金額が少額であること、返済期間が短いこと、そして資金使途がわかりやすいこと、が理由です。

いきなり銀行に、金額3,000万円、返済期間5年の希望で運転資金のプロパー融資を申し込んでも、審査を通すのはよほど優良企業でない限り難しいでしょう。

一方で、例えば金額500万円、返済期間6か月の賞与資金でプロパー

融資を申し込むと銀行は審査を通しやすいものです。

　審査が通って融資を受け、返済を進めていけば、それがプロパー融資の返済実績となり、銀行はそのような返済実績のある企業に、もっと踏み込んだプロパー融資を出しやすくなります。
　次は金額を大きく、返済期間が長いプロパー融資を提案してくれるかもしれません。
　例えば、銀行に金額3,000万円、返済期間5年でプロパー融資を申し込んだ経営者がいたとします。たいてい、銀行からは、「まずは500万円、6ヶ月返済の融資からはじめたい」といわれるでしょう。その時に、融資を受ける意味がないと考え、500万円の融資を受けることを断る経営者がいます。
　しかし銀行は、プロパー融資の実績がない企業に、いきなり大きい金額、長い返済期間の融資は出しにくいのです。
　銀行はまずは様子見として、金額が小さい、返済期間が短い融資を出して、その会社がきちんと返済できるかどうかを見てきます。
　希望金額や希望の返済期間に満たなくても融資を受けて、返済実績を作っていくことが重要です。

（3）保証付融資と抱き合わせで提案してもらうこと

　保証付融資を銀行が勧めてきた時、保証付融資とプロパー融資、抱き合わせで提案してもらうようにします。
　抱き合わせとは、例えば保証付融資4,000万円、プロパー融資1,000万円を同時、もしくは近い時期に実行してもらうことをいいます。

　保証協会としては、保証付融資単独より、プロパー融資との抱き合

わせでの融資のほうが、保証を承諾できる金額を増やしやすいです。
　なぜなら、銀行が同時にプロパー融資を行うということは、銀行もその会社に対して積極的に融資をしようとしていることであり、銀行がそのように前向きな評価をする企業であれば、保証金額を増やしやすいのです。

　銀行としては、プロパー融資だけより、保証付融資と抱き合わせで融資を行ったほうが、支店の融資増額の目標により近づくことになります。
　また支店には、支店の融資金額増額の目標の他に、支店の保証付融資金額の増額の目標も貼られているものです。
　その目標にも近づくことになります。銀行には、保証付融資を合わせて行うという「おみやげ」を持たせて、プロパー融資で提案してもらうようにします。

7-7 融資審査のポイント

　銀行が融資審査を行う時、次の4つのことに重点を置きます。

（1）決算書の内容は？
（2）融資で出た資金は何に使うのか
（3）融資はどのように返済するのか？
（4）融資の返済ができなくなった時の備えはどうするのか？

（1）決算書の内容は？

　銀行の融資審査で最も重要なことは、決算書の内容です。
　銀行は、企業を評価し融資審査を行うために、決算書のどこを見るのでしょうか。
　決算書の「貸借対照表」と「損益計算書」で分けて見ていきましょう。

◆貸借対照表

　貸借対照表では「純資産」と「借入金」を重点的に見ます。
　まず純資産。総資産から総負債を引いたものが純資産ですが、これがマイナスであれば「債務超過」といい、融資の審査は厳しくなります。
　なぜなら、債務超過とは現時点で全ての資産を売却しても、負債を返済できないことを意味するからです。
　決算書上は総資産が総負債を上回っていても、回収できる見込みが

ない売掛金を差し引いたり、売れる見込みのない不良在庫の金額を差し引いたりするなど、総資産を実質的な価値で計算し直したら債務超過となってしまう状態を「実質債務超過」といい、その場合も融資審査は厳しくなります。

純資産はプラスであることが当然として、下記の点を銀行は高評価を出します。

・純資産の金額が大きい
・純資産を総資産で割った「自己資本比率」が高い

◆借入金

次に借入金です。銀行は、月商の何倍の借入金があるかで、その会社の借入金水準を判断します。

例えば、年商1億8,000万円、月商1,500万円、借入金4,500万円の会社は、4,500万円÷1,500万円＝3ヶ月が、「借入金月商倍率」となります。不動産賃貸業など借入金が多くなる業種を除き、一般に次の水準が目安となります。

借入金月商倍率	銀行の見方
0〜2ヶ月	適正
2〜4ヶ月	多い
4ヶ月〜	過大

◆損益計算書

次に損益計算書では、「経常利益」と「営業利益」を重点的に見ます。

一方で「当期純利益」は参考程度にとどめます。なぜなら当期純利益は、その期特有の特別利益や特別損失で大きく左右されるからです。

例えば経常利益はプラスでも、その期に不動産を売却し簿価よりかなり低い金額で売却されて大きな特別損失を出したら当期純利益はマイナスとなってしまいます。

そのため、会社が経常的にどれだけ利益を稼ぐ力があるかを示す経常利益、事業自体でどれだけ利益を稼ぐ力があるかを示す営業利益で、その会社の収益力を銀行は評価します。

融資の返済は利益から生み出される現金から行われるものですが、その利益がマイナスであれば返済能力がないとみなされ、融資審査は厳しくなります。経常利益・営業利益はプラスにすること、そして利益金額は大きいほうが、銀行にとって望ましい決算書となります。

銀行が決算書のどこを重点的に見るかポイントを押さえ、自社の決算書を振り返ってみてください。

◆経営者が目指すべき決算書

科目	着眼点
純資産	表面上だけでなく実質純資産もプラスにすること。 純資産の金額を大きくすること。また総資産に対する純資産（自己資本比率）を大きくすること。自己資本比率の理想は20％以上、最低10％はほしい。
借入金	月商に対する借入金の総額（借入金月商倍率）を低くすること。 理想は2ヶ月以内。
営業利益	プラスにすること。そして金額を大きくすること。売上高に対する営業利益（売上高営業利益率）を大きくすること。売上高営業利益率の理想は5％以上。
経常利益	プラスにすること。そして金額を大きくすること。売上高に対する経常利益（売上高経常利益率）を大きくすること。売上高経常利益率の理想は3％以上。

（2）融資で出た資金は何に使うのか？

　融資で出た資金を何に使うのか。これを「資金使途」といいます。

　融資で出した資金が、本業の運転資金や設備資金で使うのではなく、銀行の知らないところで、儲かるとは思えない別事業への投資に使われたり、社長が買いたかった高級車の購入に使われたりしてしまっては、その融資は生きたお金として使われず、最後まで返済されない可能性が高まってしまいます。

　そのため銀行は、融資の申し込みがあった場合、資金使途を必ず確認します。

　資金使途は本業の事業を回すための運転資金なのか、それとも設備投資をするための設備資金なのか。いずれにしても、資金が必要な根拠を銀行に説明する必要があります。

・売上が今後、上昇する見込みであり、増加運転資金が必要となることを売上の増加予定とともに説明する
・資金繰り表で、3ヶ月後に資金が不足することを示し、今のうちに資金手当てをしておきたいことを説明する
・資金繰り的に安全な経営を行うために、常時月商1ヶ月分の現金を保有しておきいことを、資金繰り表をもとに資金を潤沢にするための資金として説明する
・製造して在庫を増やす時期に資金が必要で、在庫が売れる時期までのつなぎとして季節資金を、資金繰り表や売上・仕入予定の表とともに説明する
・増産のための設備投資を行い、その結果、売上と利益はこれだけ伸びる見込みで設備投資の効果は高いから設備資金で融資を受けたいことを、設備投資効果予測の表とともに示す

このように、なぜ融資を受けたいのかを、根拠資料も作った上で銀行に説明すると、説得力があります。

（3）融資はどのように返済するのか？

銀行が融資審査において最も重視することは、出した融資が最後まで返済されるかです。返済されなかったら当然、銀行は大きな損失を出してしまいます。

1年を超える返済期間で借りる運転資金（「長期運転資金」という）や設備資金の融資の場合、毎月の分割返済が通常の返済方法ですが、その返済原資、つまりどこから返済資金を持ってくるかは、事業活動で利益を上げ、それで生み出される現金（「キャッシュフロー」という）で返済されるのが理想です。

◆キャッシュフロー

ちなみにキャッシュフローは、簡易的には次の式で計算されます。

> キャッシュフロー＝当期利益＋減価償却費

1年間で、当期利益が300万円、減価償却費が600万円の会社であれば、1年間で300万円＋600万円＝900万円のキャッシュフローを生み出したことになります。

この会社の毎月の返済金額が200万円、年間の返済金額が2,400万円であれば、年間で900万円－2,400万円＝△1,500万円の現金が減少することになります。

年間返済金額が2,400万円の企業では、年間2,400万円以上のキャッ

シュフローがあれば、キャッシュフローで返済金額をまかなえますが、そこまでキャッシュフローを稼ぐことのできる中小企業はなかなかありません。

　この例では年間1,500万円の現金が減少するため、年間で1,500万円の新たな借入を起こさなければ資金繰りは回らないのです。

　今までの業績で、もしくはこれからの経営計画で、キャッシュフローで全ての返済をできる会社であれば、今までの業績やこれからの経営計画を銀行に示し、新たな融資を受けたあとの総返済金額以上のキャッシュフローを生み出せるから返済は大丈夫であることを銀行に伝えるようにします。

　しかしこの例のようにキャッシュフローでは全ての返済をまかなえない会社の場合、数ヶ月後に新たな融資を受けて現金を補充しなければなりません。

　その場合、下記のことを銀行に伝えるようにしましょう。

・経営計画により毎月利益は上がること
・生み出されるキャッシュフローでは全ての返済はできないこと
・数ヶ月後に新たな融資をいつどこの銀行で受けるかを資金繰り表に
　示すこと
・今回融資を受ける銀行だけでなく他の銀行も自分の会社への
　融資姿勢は積極的であること

　また、つなぎ資金の融資、つまり材料費や外注費などの支払いが先に来て売掛金の入金があとに来てその間をつなぐための融資の場合、売掛金を回収したものが返済原資になるので、契約書や発注書などの資料でいついくらの売掛金入金があるのかを銀行に示すようにします。

季節資金の融資の場合、在庫備蓄と在庫販売の月次での流れを表にして示し、在庫販売で大きく入ってくる金額で返済ができることを銀行に示します。

　以上のように、銀行に対し、どのように返済するのか、根拠を伝えることができると、銀行への説得力は高まりますし、銀行の担当者としては稟議書を書きやすくなります。

（4）融資の返済ができなくなった時の備えはどうするのか？

　資金使途や、どのようにして返済するのかが明確でも、企業の業績が急激に悪化した場合など、返済ができなくなった時への備えは、銀行は行っておきたいものです。それは信用保証協会による保証や、担保などです。

　業績や財務内容、今後の見通しが厳しい会社であればあるほど、このようなものが求められることは多くなります。

　ただ企業としては、保証付融資よりはプロパー融資、不動産などの担保ありの融資よりは担保なしの融資で受けられるのなら、それで融資を受けるべきです。なぜなら将来、会社の業績が悪化したなどで銀行の融資審査が厳しくなった時は、これらの手段を使って融資を受けられるようにしておきたいからです。

7-8 融資審査にあたって提出を求められる資料

銀行に融資の申し込みを行うと、いくつかの資料を求められます。
決算書以外にも、「試算表」「月次資金繰り表」「経営計画」が主なものです。

（1）試算表

試算表は、前期決算期後、今までの損益を累計したものです。
毎月の損益をわかるようにしていれば、会計ソフトから試算表を出すことができます。
決算書で前期の業績はわかるのですが、今期の今までの業績は試算表でしかわかりません。試算表を作っていなければ今期の業績はわからず、銀行の融資審査はストップしてしまいますし、また毎月の損益も把握していない企業を見て、銀行員はあきれてしまうことでしょう。融資審査は厳しくならざるをえません。

銀行が試算表を要求してきた場合、その時点から顧問の税理士に作成を依頼する経営者がいますが、試算表は、経営者にとっては毎月の損益を把握する資料であり、銀行の融資審査のために作ることが第一の目的ではありませんので、そのような意識の経営者は問題です。
毎月、仕訳入力を行い、いつでも最新の試算表を出せるようにしておいてください。

（2）月次資金繰り表

　向こう６ヶ月〜１年ぐらいの、資金繰り予定を月次資金繰り表で表します。今後の資金繰りはどうなのか、いついくら資金不足となるのか、銀行が融資を行うことによって資金不足はまかなえるのか、銀行が融資をしたらしばらく資金繰りは大丈夫なのか、銀行は資金繰り表を見て判断します。

　資金繰り表を作っていない会社は、融資を出してもすぐに資金が足りなくなるのではないかと銀行は考えてしまい、審査に慎重になってしまいます。

（3）経営計画

　試算表や月次資金繰り表に比べて、銀行から要求されることは少ないのですが、ただ経営計画を提出できる企業は、銀行としては将来の損益がどのように推移していくかを見ることができ、融資は行いやすくなります。

　経営計画は、融資を通したいなら提出するようにします。

　たとえ今が赤字でも、経営計画により黒字になっていく計画であれば、銀行は融資をしやすくなります。

　融資の返済原資、つまり返済の元手は企業が将来稼ぐ利益から得られる現金です。経営計画を見ると、計画を進めていく結果、原資となる利益を将来、どれだけ稼ぐことができるかわかります。

7-9 銀行が企業を評価するにあたって気にする点

　銀行の担当者は、企業のことを、決算書や試算表などの資料以外からも知ろうとします。融資の稟議書を書く担当者は、その材料を集めなければなりませんし、上司や支店長からの質問にすぐに答えられない担当者は、銀行内で仕事ができない人と見られてしまうからです。

（1）経営者の資質はどうか

　会社が今後、どうなっていくか。最もカギを握るのは経営者であることに異論はないでしょう。だから銀行員は、経営者を以下の視点で見ています。

◆今後も満足に経営していける人か

　会社がこれからやっていくビジョンを熱く語れる経営者は、銀行からは受けがよいです。言葉巧みであることよりも、ふだんから自分の会社の経営をしっかり考えていて、将来どうしていくか考えている経営者であれば、その思いは十分、伝わるでしょう。

　会社を今後どうしていきたいか、銀行員に語れるようにしておいてください。

◆信用できる人物か

　経営者が信用できる人どうか、銀行は見極めようとします。銀行と

の約束を守れない経営者は、いくら将来のビジョンを熱く語れる人でも、信用されません。
　銀行員との打合せの中で、約束することは多くあります。例えば、

「銀行の預金口座を、得意先からの売掛金の入金口座としてもらう」
「預金残高を融資後1ヶ月は2,000万円以上に保ってもらう」

　のような約束です。これらは、経営者からしたら大したことでもないのですが、銀行としては重要なことなのです。
　なぜなら、預金残高が多いことは、銀行にとって以下のようなメリットがあるからです。

・取引採算を上げる……その会社との取引の採算性が向上する
・保全を図る……もし貸倒れた場合に銀行は預金を融資と相殺できる

　約束したことは、銀行内の稟議書や、報告書に記録されています。
　経営者が忘れていたり、そもそも守る気がなかったりしたら、銀行はその経営者を信用できない人と見るようになります。信用できない経営者の会社に対して、融資審査を厳しくします。

（2）現場はどうなのか

　銀行員は、融資先の会社の事務所、工場、店舗、倉庫など、事業が行われている現場を見るように心掛けています。
　何をやっているか、不自然なところがないかを観察するためです。
　例えば在庫が決算書上では5,000万円もあるのに、倉庫にはどう見ても1,000万円分もないように見えたら、架空在庫の計上を疑います。

またその現場の印象で、その会社に対しての印象が決まりやすいです。社員に覇気がない、社員の態度が悪くあいさつがろくにできない、社内が混乱していて整理整頓できていない、時計が止まりっぱなし、窓は割れっぱなし……。そのような現場を見て銀行員は、この会社に融資しても大丈夫か、心配になってしまいます。

（3）業界動向はどうなのか

　業界の現状や将来性も、銀行員は気になるところです。その担当者の上司や支店長からつっ込んで聞かれやすいところです。
　これから衰退していく業界では、業界に属する会社の業績も低迷していく懸念が大きく、そのような会社には融資しにくくなります。
　その中でも、独自性を発揮して生き残れる会社はあります。衰退する業界に属しているのであれば、自社はどのように対策を立てて生き残っていくかを銀行に伝えるようにします。
　また競争が激しい業界においては、自分の会社がいかに他社と差別化して競争に打ち勝っていくか、その裏付けとなる技術力や商品力とともに、銀行に伝えるようにします。

（4）新聞・雑誌の掲載履歴

　新聞・雑誌に掲載された履歴があれば、そのコピーを銀行に渡しておくと、銀行は、客観的にその会社は世間からどういう見られ方をしているのかがわかり、その会社への理解は深まります。
　そのコピーは稟議書にも添付されることが多く、自社のアピール材料となります。コピーがあれば銀行に提出しておくようにします。

Chapter 8

資金調達に動く
- 銀行以外からの借入 -

8-1 資金調達

　資金繰りが厳しい会社のほとんどが赤字です。銀行は、赤字会社に融資をしたがりません。
　そのため、銀行から新たな融資を受けることが困難な会社は多く存在します。
　さらに、既存の融資の返済負担が大きくのしかかっているため、融資の返済の減額や猶予、いわゆる「リスケジュール」を行い、資金繰りを改善する必要があります。リスケジュールは、現金が底をつかないうちに行ったほうがよいでしょう。

　しかし、リスケジュールが遅くなり、その結果、現金が少なくなっている場合、まずは、会社を立て直すための「軍資金」がほしいところです。
　そこで、銀行以外からの資金調達を行っていきます。銀行も含めて、資金調達の方法を次ページの一覧表にしました。

資金調達の方法	お金を出すところ	詳細	項
融資	銀行（信用金庫・信用組合）	プロパー	―
		信用保証協会保証付	―
		ノンバンクによる保証付	―
	政府系金融機関		―
	ノンバンク	無担保	2
		有担保	3
資産売却	ファクタリング		4
	固定資産リースバック		5
出資	ベンチャーキャピタル		6
知人借入・出資	知人・親族・エンジェル投資家		7

※一番右の列の番号は、これから説明する項の番号です。

8-2 ノンバンクによる無担保融資

◆無担保融資の金利

企業に対し「無担保融資」を出すノンバンクがあります。金利は、たいてい次のパターンがあります。

・金額100万円以上であれば15％以内
・金額10万円以上100万円未満であれば18％以内

1社から借りられる金額は150万円程度が限界です。ただ返済実績をつけていけば、1〜2年後から増額してくれることもあります。
1社あたりから借りられる金額は少額ですので、2〜3社の組み合わせで総額を増やすしかありません。

また、多くの銀行やノンバンクで、個人向けの「カードローン」の商品を用意しています。カードローンの枠を作って、その枠の中で借りたり返したりできます。経営者個人でカードローンを作って借入し、それを事業資金に充てることもできます。

◆連帯保証人

なお、このような無担保融資では経営者は「連帯保証人」になりますが、ノンバンクの中には、会社に関係のない連帯保証人（第三者保証人）をつけることを条件として、多めの金額の融資を出すところもありま

す。

　連帯保証人は経営者の配偶者や親でも認めてくれることがあります。

　ただ返済できなくなると連帯保証人へ取り立てが行きますので、第三者保証人を連帯保証人につけることは考えものです。

　ノンバンクの金利が高いことについて、考えてみます。例えばノンバンクの無担保融資を、2社で合計300万円借入をして、金利15％であれば、年間の利息は45万円です。年間利息45万円は、銀行から2,000万円を金利2.25％で融資を受けた場合の年間利息と同じになります。

［ノンバンク2社から、金利15％で計300万円の借入］
　→借入額 3,000,000円×金利15％＝年間利息450,000円

［銀行から金利2.25％で2,000万円の借入］
　→借入額 20,000,000円×金利2.25％＝年間利息450,000円

　銀行から融資を受けられない状態で現金もほとんど残っていない中、ノンバンクからの融資は会社を立て直すための軍資金として割り切って考えることはできるでしょう。

8-3 ノンバンクによる有担保融資

「有担保」と聞いて、不動産が思い浮かぶ人も多いでしょう。
それ以外にも、「売掛金」も担保にできるのをご存じでしょうか。

（1）売掛債権担保融資

「売掛金債権担保融資」は、売掛金を担保とした融資です。

銀行でも売掛債権担保融資はありますが、売掛金は、担保にとったら毎月管理しなければならない煩雑さから、めったに行われません。

しかし売掛債権担保融資に力を入れているノンバンクであれば、ノウハウが確立されているので、この方法で融資を出してくれます。

◆継続的な取引の売掛金は重宝される

売掛金にもいろいろあります。1回限りの売上での売掛金があれば、毎月売上が上がる得意先への継続的な売掛金もあります。

特に、継続的な取引が複数あれば、常に一定の売掛金が存在し、それらを束ねて常にまとまった金額ができます。

このように、まとまった金額の売掛金が常に存在する会社であれば、売掛金を担保に融資が受けやすくなります。なお売掛金を担保にするには、

①売掛先への通知
②売掛先からの承諾

③融資を受ける会社の商業登記簿への債権譲渡登記

　このいずれかが必要です。③の方法を使えば、売掛先に知らせないで売掛債権担保融資を行うことができます。

（2）不動産担保融資

　「不動産担保融資」を専門で行っているノンバンクがあります。

　銀行との違いは、不動産担保の評価を高く見てくれること、そして不動産価値重視で審査を行ってくれること、です。

　銀行で不動産を担保評価する場合、土地では時価の70％あたりです。一方、不動産担保融資専門のノンバンクでは時価の90～100％あたりで見てくれるところがあります。銀行に比べて多くの融資を受けることが可能となるのです。

　また銀行が抵当権（根抵当権）をつけている土地に、後順位で抵当権をつけて融資を受けることもできます。

　銀行は、不動産の担保価値よりも企業の決算書を重視して融資審査を行います。いくら担保となる不動産の評価が高くても、決算書の内容が悪ければ融資が困難となることは多いのです。

　一方、不動産担保融資専門のノンバンクであれば、決算書の内容が悪かったり、または銀行でリスケジュールを行ったりしていても、不動産担保の価値が高いと融資をしてくれます。

（3）生命保険を担保とした融資

　解約返戻金が多く戻ってくる「生命保険」に加入していれば、それ

を担保に保険会社から融資を受けることができます。
　融資を受ける時点で解約したとした場合の解約返戻金の７〜９割の融資を受けられます。
　保険会社によっては解約返戻金の７割しか融資を受けられないところがありますが、そこから２割上乗せした９割で、保険会社の代わりに保険証券を担保として融資をしてくれるノンバンクがあります。

（４）手形割引

　売掛先から手形を受け取ることがある会社の場合、手形割引で資金調達したいのに、なかなかうまくいかないことがあります。

・手形の支払企業の信用状況が芳しくない
・自社自身の信用状況が悪い
・銀行が手形をなかなか割り引いてくれない

　また銀行で手形割引をふだんから行っている会社が、その銀行で手形割引とは別に受けている融資のリスケジュールを行うと、銀行によってはその後の手形割引を行うことができなくなることもあります。
　このような場合、手形割引専門のノンバンクで手形割引を行うことができます。

　これらの他に、株券などの「有価証券」を担保にして融資を受けることができます。
　また在庫を担保にできないかという相談はよくありますが、ノンバンクで在庫担保による融資を出してくれるところはありません。

8-4 ファクタリング

◆**売掛金を現金化し、支払いに充てる**

「ファクタリング」とは、売掛金の買い取りのことをいいます。

例えば、6月30日の300万円の支払い分がなく、資金調達したいと考えたとしましょう。一方で、7月31日に500万円の入金となる売掛金があったとします。

この場合、500万円の売掛金をファクタリング会社に買い取ってもらい、その現金で支払わなければならない300万円を支払うことができます。この手法をファクタリングといいます。

◆**ファクタリングの仕組みとメリット**

次ページ図を見ながら、さらに詳しくご説明しましょう。

1　資金調達したい企業には、すでに発生している売掛金がある
2　売掛先から、ファクタリングを行う承諾をもらう
3　ファクタリング会社とファクタリング契約をする
4　ファクタリング会社から売掛金を買い取ってもらい、現金を受け取る
5　支払期日に、売掛先が、ファクタリング会社に対し売掛金を支払う

前述した売掛債権担保融資（188ページ）では、継続的かつ複数の売掛先が必要でしたが、ファクタリングは、継続的な売掛金でなくてもよいことがメリットです。

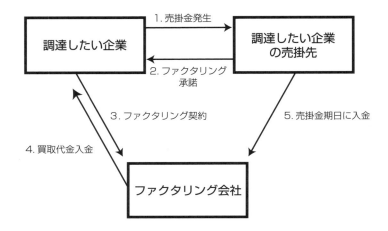

◆ファクタリングのデメリット

　ただし問題は、ファクタリングを行いたいことを売掛先に伝えなければならないことです。

　売掛先としては、「その会社（調達したい企業）の資金繰りは厳しいのではないか」と考える可能性はあります。警戒し今後は取引を縮小、もしくは解消するかもしれません。それをおそれて、ファクタリングでの資金調達を避ける経営者は少なくありません。

　一方で、病院や薬局、介護事業者は、この手法での資金調達が広まっています。これらの売掛先は国民健康保険団体連合会や社会保険診療報酬支払基金になりますが、それらはファクタリングを行うことを承諾しますし、それで取引を解消することにはならないからです。

◆二者間ファクタリング

　売掛先に知られないように、調達したい企業と、ファクタリング会社だけの間でファクタリングを行う手法が存在します。

「二者間ファクタリング」と呼ばれ、調達したい企業とファクタリング会社との間だけで行う手法です。

前述した売掛先の承諾を得て行う「三者間ファクタリング」とは区別します。

二者間ファクタリングでは、売掛先はファクタリングの事実を知らないので、売掛金の支払時期には通常どおり買掛先（＝ファクタリングで調達した企業）に売掛金が支払われ、そこからファクタリング会社に支払われて、ファクタリングは終了します。

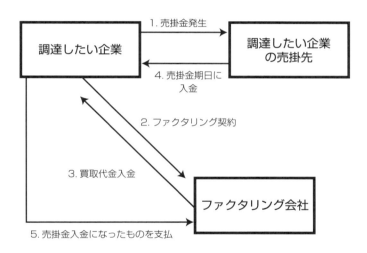

◆二者間ファクタリングのデメリット

しかし、ファクタリング会社からすると、直接売掛先から支払いがあるわけではないので、リスクが高くなります。

資金調達したい企業が、売掛先から受け取った売掛金をファクタリング会社に支払わなければ、ファクタリング会社は回収できません。

このようなリスクの高さから、三者間ファクタリングに比べて、ファ

クタリング会社は、法外な「手数料（利息ではない）」をとってきます。

　ちなみにファクタリングでは、利息という形ではなく、買い取る売掛金に対する手数料をファクタリング会社に支払います。前述の三者間ファクタリングでは、手数料は１％あたりが相場です。例えば300万円をファクタリングで調達し、手数料１％であったら手数料は３万円となります。しかし二者間ファクタリングでは、手数料は10％から、多ければ50％をとってくるファクタリング会社も存在します。三者間ファクタリングの手数料であれば、資金調達する会社としては受け入れられる範囲ですが、二者間ファクタリングの10〜50％もの手数料であれば、それで一時的に資金調達してもいずれ会社は破綻してしまうことでしょう。

　また、資金調達する企業にとって、ファクタリングは「売掛金の前倒し回収」という形での資金調達ですから、次の月にはまた資金が足りなくなりがちです。そうするとまたファクタリングを使う……というように、ファクタリングは１回使うと、使い続けざるをえない状態になってしまうことが多いです。

　二者間ファクタリングでは、法外な手数料をとられて、またファクタリングを使い続けざるをえないのであれば、その会社は破綻に向かってしまうことでしょう。

　一方で冒頭の三者間ファクタリングは、売掛先からファクタリング会社に売掛金を支払うことから、ファクタリング会社としてはリスクが低く、手数料は低く抑えることができます。

　売掛先にファクタリングを行いたいことを伝えられるのなら、手数料の低い三者間ファクタリングを行い、二者間ファクタリングは使わないようにしたいものです。

8-5 固定資産のリースバック

　「固定資産リースバック」とは、リース会社に固定資産を買い取ってもらい資金調達する方法です。
　その資産は、売却後リース会社からそのままリースしてもらい、使用を続けることができます。
　この手法がよく使われるのは、トラックやバス・タクシーなど、車両を多く保有する事業の会社です。所有権が自社にある車両をリース会社に買い取ってもらい、リース会社から代金をもらうことにより資金調達します。
　その後はリース料をリース会社へ支払っていくため、資金の流れとしては、新たな融資を受け返済していく形と近いものとなります。

　ある運輸業のコンサルティング先では、トラックが40台あったのですが、それをリースバックして2,000万円調達できました。

8-6 ベンチャーキャピタル

　「ベンチャーキャピタル」は、出資として中小企業に投資を行い、

・その株式が上場することによる売却益
・企業価値が向上し値上がりした株式を他者に高く売却

のいずれかの売却益で利益を得る会社です。
　ベンチャーキャピタルには、独立系もあれば事業会社の関係会社である事業会社系もあります。事業会社系は、その事業会社との事業上の相乗効果を投資で実現することを目的としていることもあります。

　ただしベンチャーキャピタルは、出資する企業を厳選するため、出資するかどうかの審査期間は長いです。
　また、融資ではなく出資であるため、経営権の問題もあります。

「創業当初は赤字続き」「銀行からも融資は受けられない」「しかし、将来は成長して上場も視野に入れる」……。

　そのような企業が資金を集めたいというケースではベンチャーキャピタルはメリットがありますが、「銀行から融資を受けられないから」と会社立て直しの軍資金を確保するための資金調達手段としては、ベンチャーキャピタルは合いません。

8-7 知人・親族・エンジェル投資家

◆**知人、親族**

　銀行から融資を受けられない会社でよく見るのは、知人・親族からの借入です。私に相談に来る資金繰りが厳しい会社の8割は、知人等からの借入があります。世の中、経営者が頼み込めばお金を貸してくれる人は多いものです。

　知人等から借入ができたケースを見ると、次のような言葉を伝えると、相手は貸してくれる気になりやすいようです。

「○月○日に返す。その日までに銀行から融資を受ける予定がある」
「○月○日に返す。その日までに大きい売掛金が入ってくる」
「新しい事業をはじめてどうしてもお金が必要だ。その事業の売上は上がってきている」
「新しい事業があって進めている。（数字を示し）これだけ売上が大きくなることが確実な事業である。私の会社に投資してくれないか」
「資金があればこの商品の仕入ができる。売り先はもう決まっており、売り上げた代金を回収するのは3ヶ月後。それで返済できる」

　このような言葉を信じてしまい、資金繰りが厳しい会社にお金を貸してしまう人はあとを絶ちません。
　その後、お金を返してもらうのにとても苦労することでしょう。
　あなたは「貸す側」になってはいけません。

◆**エンジェル投資**
　また、「エンジェル投資家」といわれる人々が存在します。
　「エンジェル」とは、お金を持っている人で、将来有望な事業を行う会社に資金を出資もしくは融資してくれる人です。
　エンジェル投資家となる人は、それまでに経営で成功した人が多く、ビジネス意欲旺盛であったり、自分は成功したから将来のある若者を支援したいというタイプの人が多いです。

　経営者は、経営者の集まりや知人の紹介などで、経営者の知り合いを作りやすいものです。
　その中にエンジェル投資家になってくれる人がいるかもしれません。

Chapter 9

支払時期の調整

9-1 どの支払いを遅らせるか

「資金調達はもうやり尽して、これ以上、手段がない……」
そうなった時に考えることは、「支払いを遅らせる」ことです。
「日次資金繰り表」で、今後2〜3ヶ月の毎日の資金繰りを見えるようにし、どの支払いを遅らせるかを考えます。
後日支払いをしなければなりませんので、支払いを遅らせた先に対し、以下の交渉をしていきます。

・いつ支払えるのか
・一括での支払いが厳しければ分割で支払えないか

資金不足となった際、支払いの優先順位をつけますが、どう考えたらよいのでしょうか。
中小企業の支払いは次の4つに分かれます。この他に税金・社会保険料がありますが、そもそも、国民の義務として支払わなければならないものですから、ここからは除きます。

1. 銀行返済
2. 経費
3. 買掛金（仕入・外注）
4. 給与

◆**事業存続性が高いものから支払う**
　この中で、支払いの優先順位が高いほうから順番をつけると、「4→3→2→1」となります。
　この優先順位の観点は、支払いを止めても事業は続けられるか続けられないか、です。

1．給与
　給与の支払いを止めたら、社員のやる気は大きく下がり、生活できなくなる社員も出てきて社員は辞めていくことでしょう。

2．買掛金（仕入・外注）
　仕入先や外注先の支払いを止めたら、仕入れができなくなったり、外注先が仕事を請けてくれなくなったりします。そうなると事業の継続は困難となります。
　以上より、給与と買掛金の支払いは、優先順位を高くします。

3．経費
　経費の中にも、支払いを止めたら事業が立ち行かなくなるものも存在します。

4．銀行返済
　一方、銀行への融資返済を止めても商売は続けていくことができます。そのため、銀行返済の優先順位はあとにします。

　これ以降、それぞれの支払いができない場合、どうするかを、「税金・社会保険」「知人からの借入の返済」「買掛金」「経費」「支払手形」「給与」「銀行への返済」と分けて、説明します。

9-2 税金・社会保険料が支払えない場合

　資金繰りが厳しい会社は赤字であることが多いので、税金でも、法人税のような法人の所得にかかる税金は少額です。

　問題は、消費税などの税金、社会保険料です。社員の給与から預かる源泉所得税や、消費税などは、納付期限まで会社が預かる税金です。

　先ほど、「税金や社会保険料の支払いは国民の義務」と申し上げましたが、一方で実際は、経営者が日ごろの資金繰りで使ってしまい、滞納してしまっている会社が多いです。

　厚生年金保険料・健康保険料・介護保険料や労働保険料などの社会保険料も同様です。

◆滞納が続くと「差押え」が待っている

　税金・社会保険を滞納している状態を続けていると、税務署や年金事務所から「差押え」があります。

　税務署や年金事務所は、裁判での手続きを通さずにいきなり差押えをすることができ、預金、不動産、解約返戻金のある生命保険、売掛金など、会社の財産は全て対象となります。

　融資を受けている銀行の預金口座に差押えをされ、その事実を知った銀行から融資の回収に動かれては厳しいです。

　売掛金が差押えされてしまえば、売掛先からの信用を失うことにもなりかねません。

　税金や社会保険料は国民の義務なので支払うのは当然ですが、どう

しても支払えない場合、税務署や年金事務所に相談しなければなりません。なお、それ以外の支払いは次の場所に相談します。

・労働保険料を滞納→労働局
・住民税を滞納→各市役所等

　ある運輸業のＡ社では、税務署からの督促の郵便、電話、呼び出し命令を全て無視し、その結果、メインの得意先への売掛金を差押えられてしまいました。
　その売掛先は、上場企業であり、Ａ社の全売上の６割を占めていましたが、今後取引できないと取引を打ち切られ、結局Ａ社は、倒産してしまったのです。

　差押えされないためにも、税務署や年金事務所とは、誠意を持って話し合う必要があります。
　税金・社会保険料の滞納分を一括で支払えないのなら、分割での支払いを認めてもらえるよう交渉するしかありません。
　税務署には、「換価の猶予」や「納税の猶予」という制度がありますので、分割払いができないかを相談しましょう。
　また年金事務所でも、分割払いできないか相談します。その際、資金繰り表などの資料があると説得力があります。
　それまでの滞納分は分割で支払っていくにしても、新規に発生する税金・社会保険料は、期日までに納付していかねばなりません。
　そもそも、消費税や源泉所得税、厚生年金保険料・健康保険料・介護保険料のうち半分は、本来なら会社が預かって後日支払うものです。それを運転資金に流用してしまうことはあってはなりません。

9-3 知人からの借入の返済が一括でできない場合

◆なぜ知人からの借入を返せなくなるのか……？

知人から借入をする時、約束するのは「いつ返すのか」です。

しかし、資金繰りが厳しい会社では、約束の日までに返せるケースはほとんどありません。知人から返済を催促されますが、返す現金がないので返せないのです。

知人から借入をする目的は、買掛先などへの支払いに充てることです。借りた現金はすぐになくなり、約束の返済日に返すことは、ほとんどの場合できません。なぜなら約束の日には、他の買掛先などへの支払いもあるからです。

資金繰り表を作って資金繰り予定を見て、いつ返せるかを計算した上で知人に借入をお願いする経営者はほぼいません。

◆貸主へ分割返済の交渉を行う

貸主からの催促に悩んでいる経営者は多いですが、貸したほうは、もっと悩んでいます。自分のお金を自分のために使わずに貸してしまった上に、返ってこないのです。

返済できない経営者は、貸主へ申し訳ないと思う気持ち、お金を貸してくれたことの感謝の気持ちを持たなければなりません。

しかし返せる現金はないわけですから、事情を貸主に伝えた上で、どのように返済していくか誠意を持って交渉していかなければなりません。

貸主は一括で返すよう要求してきます。借主側としては、一括返済できてしまう以下のタイミングがあります。

・売掛金が多く入金された時
・銀行から融資を受けられた時

　しかし、知人へ返すのは、資金繰り表を見て、自社の資金繰り上、一括で返しても問題ないと確認した上で行うべきです。
　また、もし銀行からの融資で、知人の一括返済に充てた場合、銀行がそれを知ったら怒ります。知人への返済資金を借りたいと銀行へ融資を申し込んで了解のもとならよいものの、知人への返済資金を目的とした融資を銀行はなかなか行いません。
　とはいっても、知人には返さなければなりません。知人へは分割返済で交渉しましょう。分割は12ヶ月分割、36ヶ月分割など、その知人から借りている金額や、関係性、知人自身の資金繰りなどを考えながら、話し合って決めます。できるだけ長い期間をかけた返済のほうが、自分の会社の資金繰りは当然、楽になります。

　現金ができたら全てを知人へ返済したくなるのは、人間として当たり前の心情です。ただ自分の会社の資金繰りを考えずに知人へ一括返済して、自分の会社が立ち行かなくなってはいけません。

　貸してくれた知人に申し訳ない、おわびと感謝の気持ちを持ちながらも、割り切って考えて分割返済にしてもらう交渉をしてください。
　それでも一括返済したいのなら、その後、自分の会社が倒れても後悔はないと覚悟した上でしてください。

◆知人からの催促に対応しないと……？

　反対に、知人から返済を催促されても無視する場合、どうなるのでしょうか。知人は弁護士に相談し、「仮差押え」をしてくることが考えられます。

　「本差押え」は裁判での判決、和解等を経た上でないと行えないのですが、債務者が財産処分に入るのを防ぐために仮差押えができるのです。

　仮差押えは債務者の財産に対し行いますが、もし、その預金口座が融資を受けている銀行の口座であったり、不動産が銀行に担保に入れている不動産であったりすれば、銀行は融資の保全を図るため、期限の利益の喪失、つまり融資の残高を一括で返せと要求してくることにもなりかねません（218ページ参照）。

　そうなればやっかいです。なお知人からの借入は、会社としてではなく経営者個人としてであっても同じです。経営者は銀行から受けている融資の連帯保証人になっているのが通常です。経営者個人の預金口座が仮差押えされてしまい、そしてその預金口座が、会社で融資を受けている銀行の口座であったら、銀行は融資の残高を一括で返せと要求してくることになりかねません。このように考えると、知人からの借入も放置してはいけません。誠意を持って交渉しましょう。

◆公正証書を求められたら？

　なお貸主から、「返済方法を定めた公正証書を作成してほしい」といわれることがあります。公正証書を作っておけば、返済が滞ったら、裁判での判決を経ずに、いきなり本差押えができるからです。

　借りているほうとしては公正証書を作成するのはなるべく避けたいですし、もし公正証書を作成するなら長い期間での分割返済とさせてもらうことを条件として交渉するなど考えていきたいものです。

9-4 買掛金の支払いの遅らせ方

　例えば、毎月500万円の買掛金（買掛先から見たら売掛金）の支払いを待ってもらう場合、1ヶ月分の買掛金ならまだしも、その後発生する毎月の買掛金はそうはいかないでしょう。

　買掛金の支払いを待ってもらうことは、相手に不安を与えることになります。買掛先としては、売掛金を待つのはせいぜい1ヶ月分までです。それ以上は、「これ以上売掛金を増やさない」、つまり、「もう商品を売らない」「仕事を請けない」となるのではないでしょうか。

　それが主要な取引先だった場合、事業を継続できなくなるかもしれません。
　買掛先に対し支払いを待ってもらうのは、リスクがあるのです。
　買掛金の支払いを遅らせるにあたって、次のように考えていきます。

（1）支払いの優先順位をつける

　買掛金を支払わなければならない会社が多くあったら、優先順位をつけます。今後取引がないだろうという買掛先は、優先順位を下げましょう。取引が継続的に行われている会社や、取引する重要度が高い買掛先は、支払いを優先します。

（2）買掛金の支払い計画を立てて交渉する

　次に、買掛金の支払いを遅らせたい相手に対し、交渉していきます。

　相手が最も気にすることは、「遅らせた買掛金をどのようにして支払ってくれるのか」です。

　そこで、買掛金支払いを遅らせることを了承してもらうためには、支払い計画を出すことが有効な方法です。

　ただその支払い計画は当てずっぽうではいけません。資金繰り表を作り、どのように支払っていったら資金繰りが回るのかをシミュレーションした上で支払い計画を立てて、買掛先に交渉してください。

　また、交渉にあたって謝罪の姿勢を示すことは何よりも重要です。

（3）大きい買掛金から交渉していく

　買掛金は、大きい買掛金もあれば、小さい買掛金もあります。

　例えば、買掛金500万円分の支払いを遅らせたい場合、10社50万円ずつの買掛金より、1社500万円の買掛金の支払いを遅らせる交渉を行うほうが、交渉の労力は少なくなるでしょう。

9-5 経費の支払いの遅らせ方

　経費の支払いを遅らせる交渉も、買掛金の場合と同様に、優先順位をつけて、支払い計画を立てて、大きい経費から交渉していきます。

　支払いの優先順位は、継続的な取引先を優先的に支払うよう考えます。例えば電気代や水道代は、電気や水道の供給を止められると事業ができなくなるため支払いを優先します。

　一方で、1回限りの取引先や、今後使うことがないであろう取引先は、支払いを遅らせる候補にしてください。
　例えば、ホームページ制作を単発で行ってもらったホームページ制作会社への支払いなどです。

9-6 手形ジャンプ

◆**手形のこわさをおさらい**

　支払いのために手形を振り出している企業は、「手形の不渡り」をきっかけに倒産してしまうことが多いです（112ページ）。
　不渡りは6ヶ月の間に2回起こすと、銀行取引停止処分です。
　つまり、それは、次の2つのことを意味します。

・当座預金の利用の停止
・融資の停止

　当座預金の利用が停止されれば、手形や小切手を振り出すことはできなくなります。
　銀行取引停止処分は、不渡りになった手形の支払銀行だけでなく、全ての銀行が対象です。1回目の不渡りを出すと多くの場合、2回目の不渡りを出してしまいます。
　不渡りを出すと融資が受けられなくなったり、手形小切手が使えなくなったりして、資金繰りに窮し、冒頭のとおり、倒産のきっかけとなりやすいのです。

　手形は必ず決済できるようにしなければなりません。
　しかし、手形の支払期日が近づいているにもかかわらず、資金が確保できない場合、どうすればよいでしょうか。

◆「手形ジャンプ」とは？

そんな時には、「手形ジャンプ」という方法があります。

通常の手形を振り出したあとの決済（支払い）までの流れは以下のとおりです。

手形を渡した相手（受取人）が、取引している銀行に手形の取立を依頼
↓
支払銀行（振り出した手形の銀行）に手形が回ってくる
↓
決済

一方、手形ジャンプとは、手形の支払期日を延ばしてもらえるよう受取人にお願いして、新しい支払期日の手形へ差し替えてもらうことです。

手形の受取人としては、もし手形ジャンプを断ったら、その手形は不渡りになって手形の支払人の会社が倒産してしまいかねません。その場合、手形の金額を受け取ることが難しくなるため、手形ジャンプの依頼を受けざるをえないことが多いです。

新しい手形の支払期日は、資金繰り表上で、無理なく支払える日でなければなりません。その日にやはり支払えなかったといって、2回も3回も手形のジャンプは受けてくれないでしょう。

手形の枚数がたくさんある場合は、大口の受取人の手形から交渉を行うようにします。

なお、手形ジャンプを交渉しようとしても、すでに受取人が自身の資金繰りのために銀行で手形割引を行っていると、手形のジャンプは困難です。

　手形ジャンプのためには、受取人が割引した手形を銀行から買い戻さなければなりません。しかしながら、手形割引はそもそも、資金調達を目的に行うものです。手形割引で得た現金はすでに他の支払いに使われています。ですから、受取人が現金を新たに用意して銀行から手形を買い戻すことは困難でしょう。

　受取人が自身の支払先に手形を「裏書譲渡」していても、手形のジャンプは困難です。この場合、受取人が裏書譲渡の相手に対し、譲渡した手形の代わりに現金で支払ったり、別の手形を渡したりしなければなりません。これもなかなか困難です。

　いかがでしょうか。手形ジャンプを行うにもいろいろ制約があることがわかりますね。
　支払手形が期日に支払えないことは、早い時期に資金繰り表でつかんでおきましょう。

・手形が取立に回される前
・手形割引や裏書譲渡をされてしまう前

　以上のタイミングで、手形ジャンプの交渉は行わなければなりません。

9-7 給与が支払えない場合

　給料日に支払えない——。
　201ページでも述べたとおり、給与は、最も優先すべき支払いであり、給与の支給の遅れは極力ないようにしたいです。
　社員は、給料日に給料が入ってくることを前提にして生活を組み立てています。1日でも遅れるととたんに不安になり、人によっては生活ができなくなり、なかには次の仕事を探し出す社員も出てきます。
　他の支払いは遅らせても、これは遅らせることはできません。
　どうしても支払えない場合、次の順番で給与を遅らせます。

・経営者→役員→社員

　経営者や役員で給与を遅らせて資金繰りを回すことができればそうすべきです。
　給与を支払えない場合、3〜5日前に経営者が直接、役員や社員に伝えるようにします。それより前であると、社員としてはまだ日数があるから社長が何とかしろと思います。一方で、給与が支払えない当日や前日にいわれても、社員はどうしようもなくなります。
　社員には生活がありますので、例えば一律10万円は支払うというように、支払える金額を支払うようにします。そして社員には、遅れた給与はいつ支払うのか、支払日を伝えます。資金繰り表で、確実に支払える日を計算しなければなりません。

9-8 銀行への返済を減額・猶予する

（1）リスケジュールとは？

　銀行へ融資を申し込んでも、新たな融資を出してくれない。借入金の返済負担も大きい……。

　そういう状態であれば、負担の大きい既存融資の返済の減額・猶予、「リスケジュール」を行うことができます。

　リスケジュールを行うと資金繰り改善ができます。

◆返済金額のほうが多くなってしまう場合

　次のような会社を例にあげて見ていきましょう。

・キャッシュフロー（事業で稼ぐ現金）が年間で600万円
・毎月の返済金額が300万円（年間では3,600万円の返済）
⇒年間の現金残高の増減……600万円－3,600万円＝△3,000万円

　この会社では、年間3,000万円の現金が減少します。それを放置していては立ち行かなくなりますので、現金の残高を回復させるために、年間を通して3,000万円の新たな融資を銀行から受けなければなりません。

　しかし、会社の業績が悪いなどで銀行が融資をしてくれなければ、他の方法で年間3,000万円の現金減少を食い止めなければなりません。

◆リスケジュールの効果

そこで、「リスケジュール」という手段を考えるのです。

リスケジュールした結果、毎月300万円の返済を30万円に抑えることができたとすると、年間の返済額は360万円になります。

この会社の年間のキャッシュフロー（事業で稼ぐ現金）は600万円ですので、キャッシュフロー内で返済ができるようになり、そうすれば現金は減っていくことになりません。

リスケジュールは、資金調達したのと同様の資金繰り効果を生み出します。

この例の会社では年間3,600万円の銀行の返済を360万円に抑え、その年間のリスケジュール効果は差し引き「3,240万円」となります。

これは年間で資金調達した時と同様の資金繰り効果です。

もし、経営者がリスケジュールを行いたくなければ、融資も受けずに、年間のキャッシュフローを、年間返済額である3,600万円以上にしなければなりません。

しかし、それまでの年間キャッシュフロー600万円を、3,600万円以上に経営改善するのは現実的ではないでしょう。

（2）リスケジュールのメリット・デメリット

リスケジュールのメリットは、銀行への融資の返済が楽になり、資金繰り改善となることです。

一方でデメリットは、リスケジュールを行っている間は、その銀行からは新たな融資が受けられないということです。それをおそれて、なかなかリスケジュールに踏み込めない経営者は多いです。

しかし考えてみてください。そもそも銀行が新たな融資をしてくれないことが、リスケジュールせざるをえなくなったきっかけです。今までも融資が受けられなかったのに、リスケジュールで融資が受けられなくなることを心配しても仕方ありません。

◆リスケジュール中は、新たな融資は受けられない
　そもそも、なぜリスケジュールを行っている会社は新たな融資を受けられないのでしょうか。
　融資を毎月返済すると、融資の残高は減っていきます。融資の残高が減れば、減少した融資残高を補充するように、銀行は新たな融資を出します。
　例えばある会社の現在の融資残高が、3,600万円とします。毎月100万円の返済だと、1年後の融資残高は2,400万円です。
　銀行は、融資残高の減少を見て、残高が減った分を補充する1,000万円や、もし積極的に融資をしていきたい会社であれば2,000万円ぐらいの融資を行います。
　しかしリスケジュールを行っている会社は、融資残高はまったく減らないか、減ったとしてもほんの少しです。
　融資残高が減少しない会社へ新たな融資は出しにくいのです。

◆リスケジュールをしても、融資はまた受けられる
　なお、銀行でリスケジュールを行うと、二度と銀行から融資を受けられないと思っている経営者がいますが、そうではありません。
　経営改善して利益が上がるようになり、返済できるキャッシュフローが生み出されるようになって返済が再開すれば、融資残高はまた減っていくので、銀行から融資を受けられるようになります。

（３）一括返済の融資もリスケジュールできる

・つなぎ資金・季節資金

　「つなぎ資金」や「季節資金」など（167ページ）、一括返済の形である融資もリスケジュールできます。一括で返済する期日に返済できない場合、返済期日を延長させるか、分割で支払っていくよう交渉します。

・コロガシ融資

　「コロガシ融資」という、毎月の返済はなく期日になったら返済してすぐに融資実行することを延々と繰り返していく形の融資があります。しかし、会社の業績が悪化した場合など、コロガシ融資の継続を銀行から止められてしまうことがあります。

　その場合に銀行は一括返済を要求してきますが、一括返済できなければ、それを分割で支払っていくよう銀行へ交渉します。

・当座貸越

　「当座貸越」という、借入の枠を設定して、その中で借りたり返したりできる融資があります。その継続を銀行に止められて、銀行から当座貸越残高の一括返済を要求された場合も、コロガシ融資の場合と同様、一括返済できなければ分割で支払っていくよう銀行に交渉します。

（４）リスケジュールを銀行に交渉して同意を得る

　リスケジュールを行って元金の返済を減額、猶予しても、利息は銀行に支払わなければなりません。

　またリスケジュールは、銀行と交渉の上、銀行の同意を得て行うこ

とです。

　同意を得たら、「借入金変更契約書」という返済条件の変更を記した契約書を銀行と交わします。

◆「延滞」とリスケジュールの違い

　ここで覚えておきたいのは、リスケジュールと返済の延滞の違いです。延滞とは返済日に返済されないことをいいますが、銀行の同意を得ているわけではありません。

　そのため延滞は放置できません。3ヶ月延滞を行うと、「期限の利益の喪失」を銀行は通知しています。

・「期限の利益」とは

　期限の利益とは、金銭消費貸借契約書で定められた返済条件、例えば、金額3,000万円、5年で60回返済の融資の場合、毎月50万円と利息を払い続ければ、銀行はいきなり融資残高の一括返済を求めてくることはありません。これを「期限の利益」といいます。

・「期限の利益の喪失」とは

　期限の利益の喪失とは、残高を一括で返済してくださいと銀行が求めてくることです。

　企業としては当然、一括返済できる資金はないため、銀行はその融資を回収するために、担保の競売、保証人への取り立て、会社資産や連帯保証人資産への差押えなどを行ってきます。そうなると、会社としては困ってしまいますね。

　延滞状態は放置せず、銀行と交渉して同意を得て、リスケジュールを行うのです。

（5）銀行は多くのリスケジュールを扱ってきている

　リスケジュール交渉は、ほとんどの経営者にとってはじめての経験となります。リスケジュールは、銀行に返済金額を減額してもらうことですから、銀行がどういう態度をとってくるかをおそれて、できれば行いたくないと考える経営者は多いのではないでしょうか。

　しかし銀行は、多くの中小企業からリスケジュールの依頼を受けており、交渉にも慣れています。経営者にとってははじめての経験でも、銀行としてはよくある話の1つにしかすぎないのです。あまり考えすぎないようにしましょう。

◆交渉には長期間かかる

　リスケジュールの交渉は、1ヶ月で終わることもあれば、2～3ヶ月ぐらいかかることもあります。

　経営者がリスケジュールの決断ができない中で、毎月の返済が進めば会社から現金はどんどんなくなります。できるだけ現金が多い段階でリスケジュールを行ったほうが、そこから会社を立て直すための資金を用意できるので、リスケジュールの決断は早いほうがよいのです。

（6）リスケジュールを行ったことは世間には広まらない

　リスケジュールを行うことで、多くの経営者が不安に思うことの1つに、「同業他社など世間に広まり、自社の信用不安を引き起こすのではないか」ということです。

　経営者が懸念する、信用不安が広まるルートには次ページの2つが

あります。

①銀行から情報が広まってしまうのでは？
②興信所会社から情報が広まってしまうのでは？

①銀行から情報が広まってしまうのでは？
　銀行からリスケジュールの情報が、世間に広められることはありません。銀行には「守秘義務」があります。リスケジュールを行ったという情報を、外部に漏らすことはできません。

②興信所会社から情報が広まってしまうのでは？
　興信所会社はいろいろな情報網から情報を集めますが、経営者や自社の社員が、リスケジュールのことを漏らさない限りは、興信所会社もその情報を知ることはできません。

（7）返済の一本化とは

　リスケジュールと似たような行為に、「返済の一本化」があります。
　例えば、次の2本の融資を借り換えるとどうなるでしょうか。

・融資残高 2,000万円／残返済数 40回 (40ヶ月)／月々の返済 50万円
・融資残高 1,000万円／残返済数 20回 (20ヶ月)／月々の返済 50万円
　　　　　　↓（2本合わせる）
・借換え 3,000万円／残返済数 60回 (60ヶ月)／月々の返済 50万円

　返済の一本化を行うと、今まで2本の融資で合計毎月100万円返済であったものが、毎月50万円の返済となります。

このように複数の融資を一本化することにより、毎月の返済金額を減らすことができます。

　しかし返済の一本化により返済金額を減額することは、銀行から新たな融資が受けられる会社だけが考えてよいことです。
　この例では、2,000万円と1,000万円合わせて2本3,000万円の融資が、1本で3,000万円の融資に変わっただけであり、上乗せ分の融資はありません。
　これで融資を受けても、手もとの現金が増えるわけではないのです。
　この例で、銀行が1,000万円上乗せしてくれて4,000万円で一本化の融資が受けられるのであれば、毎月返済金額は66万円になります。

4,000万円÷60回≒66万円

　この場合でも毎月の返済金額は減額され、さらに1,000万円の現金を残すことができます。また、この融資の増額は、まだ銀行から新たな融資を受けられるだけの信用がこの会社にはあるということです。

　一方、借り換えによる返済一本化を行う場合に、銀行が融資金額を上乗せしてくれない時は、この例では毎月100万円の返済金額を、50万円に減額しただけの効果しかありません。
　毎月の返済金額50万円が、事業で稼ぐキャッシュフローでまかなえればよいですが、そうでなければ、返済金額の減額が不十分であり、中途半端に融資を一本化するより、リスケジュールで返済金額をもとの100万円から10万円や0円にするなど、思い切って減額したほうが資金繰りは楽になるでしょう。

銀行が新規の融資を出してくれるのであれば、融資の一本化は毎月の返済を楽にする有効な手段です。返済を減額した上で、上乗せの融資を受けることができ、今後も銀行が融資を出し続けてくれることが期待できるからあわててリスケジュールしなくてもよいです。

　一方で新たな融資が受けられない会社であれば、融資の一本化による返済減額を行っても抜本的な資金繰り改善にはならず、いずれ資金繰りにつまってしまうため、一本化ではなくリスケジュールを選択すべきです。

　リスケジュールは、行わなくてよいならそれにこしたことはありません。銀行から融資が十分に受けられるのになぜかリスケジュールを行ってしまう会社がありますが、そのような会社は融資を受け続けることによって資金繰りを回していくべきであり、リスケジュールの判断を早まってはいけません。
　反対に、銀行から融資が受けられないのにリスケジュールせず返済し続けて現金を枯渇させるなど、リスケジュールの判断が遅くなってもいけません。

（8）リスケジュールの期限

　リスケジュールが行われる場合、銀行は、6ヶ月や1年後に期限を設定します。
　リスケジュールは、毎月の返済が減額・猶予されたり、一括返済の期限が延ばされたりするなど、返済条件の変更を意味します。リスケジュールを銀行が承諾したら、銀行と企業との間で借入金変更契約書をが結ばれ、その契約書には返済条件はどのように変更するか、そし

て返済金額の減額の期限がいつまでか、記載されます。その変更契約書で、リスケジュールの期限が6ヶ月や1年後に設定されます。

そこで経営者が心配してしまうのが、6ヶ月や1年後、返済は再開しなければならないのか、です。

◆期限が来たら返済を再開しなければならない？

例えば、今まで月200万円を銀行に返済していた会社が、リスケジュールにより月返済金額を0円にして利息のみ支払うことになったとします。

その期限は6ヶ月後までと決められました。6ヶ月後には返済を月200万円、再開しなければならないのでしょうか。

この場合、再開することにはなりません。

リスケジュールの期限が来て、返済を元通りにできる会社は、急激に経営改善できた会社でない限り難しいでしょう。

決められたリスケジュール期限は、次のリスケジュール交渉にあたっての区切り、と考えてください。リスケジュール期限の1〜2ヶ月前より、期限後の返済はどうするか、銀行と話し合うようにします。

またリスケジュールは企業が銀行に依頼することなので、その相談は企業側から行うべきです。

◆リスケジュールの期限の決め方

なぜリスケジュールの期限が決められるのでしょうか。リスケジュール期限が5年や10年と長くした場合を考えてみてください。

銀行はその間、企業が利益を出せるようになっても、契約書で決められたリスケジュール期限までは、返済金額を増やしてもらうことはできなくなります。

一方で企業のほうは、5年後や10年後まで返済金額は少なくなるのだから今すぐに経営改善しなくてもよい、と甘く考えてしまうかもしれません。

　そのため銀行は、リスケジュールの期限を6ヶ月や1年など、短く区切ります。その期限ごとに、利益の改善状況を見た上で交渉し、その後の月返済金額をどうするか、決めていくのです。

　赤字が続いてしまっている企業は、「月返済金額は0円で続けてほしい」と交渉します。

　反対に、経営改善が進んで利益が上がってきている企業では、「今までの月返済金額の20%を再開するようにしたい」と交渉します。

　その交渉にあたっては経営改善状況が見えなければなりませんが、そのために試算表、月次資金繰り表、経営改善計画の進捗状況を書いたものを銀行に提出します。

（9）リスケジュールは全ての銀行で平等に行う

　リスケジュールは、融資を受けている全ての銀行で平等に行うのが原則です。

　複数の銀行が融資を行っていて、その中で1つの銀行や2つの銀行のみは返済を正常どおり続けて、他の銀行はリスケジュールを行えば、不公平となりますし、また一部の銀行で返済が進むと、リスケジュールを行う銀行のほうは、融資を回収できなくなるリスクが相対的に高まるからです。

　また企業としても、一部の銀行のみリスケジュールを行うのでは資金繰りの中途半端な改善にしかならないでしょう。

（10）リスケジュール交渉の順番

具体的に、交渉の順番は次のように進めていきます。

---

① ［リスケジュールの意向表明］
経営者が銀行に訪問して伝える

↓

② ［リスケジュール交渉］
銀行から要求された資料を作成して提出し、銀行と交渉する

↓

③ ［契約］リスケジュールの同意を得たら、借入金変更契約書を
交わし、返済が減額、猶予される

---

① ［リスケジュールの意向表明］経営者が銀行に訪問して伝える

　リスケジュール交渉で、まず行うことは、融資を受けている各銀行に、経営者が訪問して、リスケジュールをしたいと伝えることです。

　前述したとおり、リスケジュール交渉は、早ければ1ヶ月、長ければ2〜3ヶ月かかります。銀行が同意すればリスケジュールが行われ、返済金額が減額、もしくは返済が猶予されます。

　しかしリスケジュール交渉を行っている間にも毎月の返済は進み、現金は減少していきます。資金繰りが厳しい時に、現金の減少はつらいですね。

　交渉中に現金の減少を防ぐには、次の2つの方法があります。

・同意前でも口頭で依頼し、口座から引き落としをしないでもらう
・延滞状況を作る

・同意前に依頼

　この方法は、銀行が応じてくれなければ、できないところがデメリットです。

　そもそも、銀行は少しでも回収を進めたいと思っており、決裁権がない得意先係や融資係などのいち担当者にお願いしても、自分の権限ではできないと、断られてしまいます。

　もし、銀行の担当者が、企業からの依頼のとおり、引き落とさないよう上司や支店長に話をしても「いちいち経営者からそういう話を聞くな。いわれた段階で断ってこい」と叱られるかもしれません。

　リスケジュールを同意していない段階で預金口座からの引き落としを止めるのは、なかなか大変です。

　それを克服する方法として、引き落としを早く止めてほしい理由を書面で説明して経営者の本気度を銀行に示すことがあります。

　「返済の引き落としが続いてしまうと、給与の支払いができず、会社は継続できない」「返済の引き落としが続いてしまうと、支払手形を落とすことができず、不渡りとなってしまう」などの理由をつけて、そして担当者が上司や支店長に報告しやすいように書面の形にして提出するようにします。

　支店長と面識がある経営者であれば、引き落としを止めることを支店長に直談判するのも１つの方法です。

・延滞状況を作る

　銀行は、返済の引き落としを行おうにも、返済をするための預金口座にお金が入っていなければできません。

　そのためその預金口座から意図的にお金を抜いて、延滞状況にした

上でリスケジュール交渉に臨むことが考えられます。

　ただ、その預金口座に、売掛金の入金があって返済金額を上回ってしまえば、自動で引き落としになってしまいますので、その場合は売掛先に依頼して、入金口座を変えてもらう必要があります。

　またその口座から電気料金など自動で口座振替になるものがあればそれも落ちなくなるため、その支払い先に対しては一時的に他の預金口座から振り込みして支払うようにし、また口座振替の口座変更手続きを行わなければなりません。

　延滞状況を作るのは手間がかかるため、早いうちからの段取りが必要です。

② ［リスケジュール交渉］
　　銀行から要求された資料を作成して提出し、銀行と交渉する

　リスケジュールの意向を銀行に伝えると、各銀行はそれぞれ、リスケジュール検討にあたって必要な資料を要求してきます。その中でも次の3つは重要です。

・試算表
・経営改善計画書
・資金繰り表

　通常の経営計画に、会社はどのように経営改善していくのかをより詳しく書けば「経営改善計画」の資料になります。

　経営改善計画では、年次計画を今後10年分作るように銀行からいわれることが多いです。

　今は業績が厳しくても、今後どのように経営改善して利益が上がるようにしていくかを、月次計画とともに年次計画で示します。

返済を再開するには事業で生み出す現金、つまりキャッシュフローを増加させていくことが必要ですが、そのためにどのように利益を上げていくかの計画内容が銀行の判断材料となります。
　また利益を上げて返済を再開して借入金を減らしていくこと、債務超過の会社であれば利益を上げ続けたりスポンサーを得て出資してもらったりして債務超過を解消していくこと、これらの道筋を示すために、貸借対照表が今後どう推移していくかを示す表をつけるよう要求されることがあります。

・粉飾決算も開示する
　資金繰りが厳しい会社では、今まで銀行から融資を受け続けるために粉飾決算をしてしまっている会社も多いのですが、実態の財務状況はどうなのか、粉飾を開示するために実態の貸借対照表をつけることもあります。
　銀行はリスケジュールを行うにあたり、経営者には全てを開示してほしいと考えています。銀行にリスケジュールの協力をしてもらうため、経営者は銀行に全ての情報を開示する覚悟が必要です。

　リスケジュールとは、資金繰りが厳しいからとただ返済を減額、猶予するだけのことではありません。銀行は第一に、融資をどうやったら最後まで回収できるかを考えます。今は経営が苦しいから返済を減額、猶予して資金繰りを回せるようにするが、将来は利益を上げられるようにして返済を再開してもらう、これがリスケジュール検討にあたり銀行が考えることです。そのために重要なのが、経営改善計画書です。
　また資金繰り表では、リスケジュールを行うことにより今後は融資を受けなくても資金繰りが回っていくことを示します。

③ ［契約］リスケジュールの同意を得たら、
　借入金変更契約書を交わし、返済は減額、猶予される

　銀行からの同意を得たら、銀行と借入金変更契約書を交わします。

　その契約書には連帯保証人も署名・捺印を行うため、経営者以外の連帯保証人がいる場合は、その人にあらかじめ経緯を説明しておかなければなりません。

（11）リスケジュールの更新をスムーズに行うために

　リスケジュールは、期限を６ヶ月や１年で区切られ、期限が来る時に交渉しなければ、期限後には返済が再開されます。

　ただ６ヶ月や１年で返済を元通りに再開できるようになるほどの利益の改善は簡単ではありません。

　もし、まだ返済の期限を延ばす必要がある場合は、期限ごとに、リスケジュールの更新を交渉する必要があります。

　リスケジュールの同意を得たからといって、経営者は安心してはいけません。

　経営改善して利益を上げ、返済を再開できるようになるためにリスケジュールするのです。そこからがスタートです。

　なお、リスケジュールの期限時にリスケジュールの更新を銀行にスムーズに認めてもらうため、企業が行うべき対策は次の３つです。

①損益計画は、売上・当期純利益ベースで８割以上キープする
②更新時に少しずつでも、返済を再開する
③銀行へ経営改善の進捗を報告する

①損益計画は、売上・当期純利益ベースで８割以上キープする

　経営改善計画は、リスケジュール交渉のために作成するだけのものではなく、その後、改善計画を実行して計画どおりに利益を向上させていくことが目的です。

　リスケジュール後、業績が経営改善計画通りに改善しているか、銀行は見てきます。

　目安は、最低でも売上・当期純利益で、８割以上の達成です。

　例えば、経営改善計画における最初の期の売上高が１億5,000万円、当期純利益が1,000万円の計画であれば、その８割、売上高１億2,000万円以上、当期純利益800万円以上は最低達成できなければなりません。

②更新時に少しずつでも、返済を再開する

　経営改善計画を実行して行けば、利益は上がっていき、返済を再開するための原資となる現金ができてきます。

　リスケジュール前の返済金額に完全に戻すことは難しくても、少しずつ返済を再開していきましょう。

　例えば、もとの返済が月300万円で、リスケジュールでそれを月０円にしても、６ヶ月後、事業で月50万円の現金を稼ぐことができるようになれば、月30万円返済を再開する、というようにです。

　リスケジュール更新ごとに返済金額を上げていきます。銀行はそれを見て、経営改善が順調に進んでいることを感じるでしょう。

③銀行へ経営改善の進捗を報告する

　銀行はリスケジュールを行っている企業に、経営改善の進捗状況の

報告を求めます。

　たとえうまくいっていなくても定期的に状況を報告し、どうしたらよいか銀行に相談することにより、銀行はその企業のことをよく理解でき、支援を続けやすくなるものです。

　リスケジュールのはじめの交渉や、更新の交渉の時だけ経営者が顔を出すのでは、その間、経営改善がどれだけ進んでいるのかを銀行は把握できません。また銀行から「この経営者は都合のよい時だけ来るのか」という目で見られることもあります。

　銀行には毎月、最低でも３ヶ月に１回は経営改善の進捗状況を報告するようにします。その時は最新の試算表、資金繰り表、経営改善計画と実績数値の比較表を提出して報告しましょう。

（12）リスケジュール交渉が難航する場合

　リスケジュールとは、返済を減額、猶予することですので、リスケジュールしたいと銀行に伝えた場合、できない、と反応される場合もあります。断られる場合、次の３つのケースがよくあります。

①最新の融資実行から１回も返済していない、
　もしくは１回（１ヶ月）しか返済していない
②通りにくい融資を通してくれた融資のリスケジュールを申し込む
③経営改善の見込みがまったく立たない

①最新の融資実行から１回も返済していない、もしくは１回（１ヶ月）しか返済していない

　この場合、銀行としては「この経営者は、はじめからすぐにリスケ

ジュールするつもりで融資を受けた」と思いかねません。

　銀行はそう思うと、リスケジュールを拒否します。せめて２回（２ヶ月）は返済したあとに、リスケジュール交渉に臨みたいものです。

②通りにくい融資を通してくれた融資のリスケジュールを申し込む
　例えば、企業が融資を頼み込んで、担当者が支店長に粘り強く説得してくれて出た融資、もしくは融資を通そうと支店長自ら本部に掛け合ってくれて出た融資など、このような融資のリスケジュールを申し込みする場合、難航するでしょう。

　通常であれば審査が通らない融資を「返済は問題なく可能です」などといって担当者が支店長へ、もしくは支店長が本部に掛け合ってくれて審査を通すことができたのです。
　それをあとになってリスケジュールを申し込まれては、その担当者や支店長は、企業にだまされたという感情が湧き、また支店長や本部から叱責されるのをおそれ、そして人事評価に響くことをおそれます。そのためリスケジュールを拒否するのです。

　時間が経ってその担当者や支店長が別の支店に転勤したあとの状態であれば、今の担当者や支店長は、過去の担当者や支店長が進めた融資と割り切って、リスケジュールを受け入れやすいです。

　このような背景でリスケジュールが拒否される場合でも、延滞状態を作って返済の引き落としがされないようにして資金を確保しながら、粘り強く交渉していくしかありません。

③**経営改善の見込みがまったく立たない**

　リスケジュール交渉では、経営改善計画により、利益を上げて返済を再開する将来を描いて銀行に説明しますが、経営改善の見込みがまったく立たず将来の絵が描けない場合です。

　その場合、銀行はリスケジュールで返済を減額・猶予するより、今すぐ回収に走ったほうがよい、と判断することになりかねません。

　経営改善の見込みが立たないと、今後も赤字が続き、会社の財産が毀損していくことになります。その前にできるだけ回収したほうが、銀行としては融資の回収額を少しでも増やすことができます。

　どう経営改善を行うか、経営者しだいですので、頭を絞って考えるしかありません。

　それでも経営改善の見込みが立たないのであれば、新しい道に進むために破産することも考える必要があるでしょう。

別表1 【月次損益計画】

勘定科目	28年7月	28年8月	28年9月	28年10月	28年11月	
[売上高]						
売上高	30,000,000	30,000,000	30,000,000	30,000,000	30,000,000	
[売上原価]						
材料費	900,000	900,000	900,000	900,000	900,000	
外注加工費	17,100,000	17,100,000	17,100,000	17,100,000	17,100,000	
売上原価	18,000,000	18,000,000	18,000,000	18,000,000	18,000,000	
売上総損益金額	12,000,000	12,000,000	12,000,000	12,000,000	12,000,000	
[販売管理費]						
役員報酬	500,000	500,000	500,000	500,000	500,000	
給料手当	6,750,000	6,750,000	6,750,000	6,750,000	6,750,000	
法定福利費	950,000	950,000	950,000	950,000	950,000	
福利厚生費	100,000	250,000	250,000	250,000	250,000	
業務委託費	200,000	200,000	200,000	200,000	200,000	
広告宣伝費	200,000	200,000	200,000	200,000	200,000	
接待交際費	100,000	100,000	100,000	100,000	100,000	
旅費交通費	100,000	100,000	100,000	100,000	100,000	
通信費	150,000	150,000	150,000	150,000	150,000	
消耗品費	75,000	75,000	75,000	75,000	75,000	
事務用品費	100,000	100,000	100,000	100,000	100,000	
修繕費	100,000	100,000	100,000	100,000	100,000	
水道光熱費	100,000	100,000	100,000	100,000	100,000	
支払手数料	25,000	25,000	25,000	25,000	25,000	
車両費	250,000	250,000	250,000	250,000	250,000	
地代家賃	600,000	450,000	450,000	450,000	450,000	
リース料	75,000	75,000	75,000	75,000	75,000	
保険料	150,000	150,000	150,000	150,000	150,000	
租税公課	50,000	50,000	50,000	50,000	50,000	
支払報酬料	200,000	200,000	200,000	200,000	200,000	
減価償却費	150,000	150,000	150,000	150,000	150,000	
雑費	10,000	10,000	10,000	10,000	10,000	
販売管理費計	10,935,000	10,935,000	10,935,000	10,935,000	10,935,000	
営業損益金額	1,065,000	1,065,000	1,065,000	1,065,000	1,065,000	
[営業外収益]						
受取利息	0	0	0	0	0	
雑収入	200,000	200,000	200,000	200,000	200,000	
営業外収益合計	200,000	200,000	200,000	200,000	200,000	
[営業外費用]						
支払利息	150,000	150,000	150,000	150,000	150,000	
雑損失	0	0	0	0	0	
営業外費用合計	150,000	150,000	150,000	150,000	150,000	
経常損益金額	1,115,000	1,115,000	1,115,000	1,115,000	1,115,000	
[特別利益]						
特別利益合計	0	0	0	0	0	
[特別損失]						
特別損失合計	0	0	0	0	0	
[当期純損益]						
税引前当期純損益金額	1,115,000	1,115,000	1,115,000	1,115,000	1,115,000	

	28年12月	29年1月	29年2月	29年3月	29年4月	29年5月	29年6月
	30,000,000	30,000,000	30,000,000	30,000,000	30,000,000	30,000,000	30,000,000
	900,000	900,000	900,000	900,000	900,000	900,000	900,000
	17,100,000	17,100,000	17,100,000	17,100,000	17,100,000	17,100,000	17,100,000
	18,000,000	18,000,000	18,000,000	18,000,000	18,000,000	18,000,000	18,000,000
	12,000,000	12,000,000	12,000,000	12,000,000	12,000,000	12,000,000	12,000,000
	500,000	500,000	500,000	500,000	500,000	500,000	500,000
	6,750,000	6,750,000	6,750,000	6,750,000	6,750,000	6,750,000	6,750,000
	950,000	950,000	950,000	950,000	950,000	950,000	950,000
	250,000	250,000	250,000	250,000	250,000	250,000	250,000
	200,000	200,000	200,000	200,000	200,000	200,000	200,000
	200,000	200,000	200,000	200,000	200,000	200,000	200,000
	100,000	100,000	100,000	100,000	100,000	100,000	100,000
	100,000	100,000	100,000	100,000	100,000	100,000	100,000
	150,000	150,000	150,000	150,000	150,000	150,000	150,000
	75,000	75,000	75,000	75,000	75,000	75,000	75,000
	100,000	100,000	100,000	100,000	100,000	100,000	100,000
	100,000	100,000	100,000	100,000	100,000	100,000	100,000
	100,000	100,000	100,000	100,000	100,000	100,000	100,000
	25,000	25,000	25,000	25,000	25,000	25,000	25,000
	250,000	250,000	250,000	250,000	250,000	250,000	250,000
	450,000	450,000	450,000	450,000	450,000	450,000	450,000
	75,000	75,000	75,000	75,000	75,000	75,000	75,000
	150,000	150,000	150,000	150,000	150,000	150,000	150,000
	50,000	50,000	50,000	50,000	50,000	50,000	50,000
	200,000	200,000	200,000	200,000	200,000	200,000	200,000
	150,000	150,000	150,000	150,000	150,000	150,000	150,000
	10,000	10,000	10,000	10,000	10,000	10,000	10,000
	10,935,000	10,935,000	10,935,000	10,935,000	10,935,000	10,935,000	10,935,000
	1,065,000	1,065,000	1,065,000	1,065,000	1,065,000	1,065,000	1,065,000
	0	0	0	0	0	0	0
	200,000	200,000	200,000	200,000	200,000	200,000	200,000
	200,000	200,000	200,000	200,000	200,000	200,000	200,000
	150,000	150,000	150,000	150,000	150,000	150,000	150,000
	0	0	0	0	0	0	0
	150,000	150,000	150,000	150,000	150,000	150,000	150,000
	1,115,000	1,115,000	1,115,000	1,115,000	1,115,000	1,115,000	1,115,000
	0	0	0	0	0	0	0
	0	0	0	0	0	0	0
	1,115,000	1,115,000	1,115,000	1,115,000	1,115,000	1,115,000	1,115,000

巻末別表

別表2【年次損益計画】

勘定科目	28年6月期 実績	29年6月期 1年目 計画	30年6月期 2年目 計画	31年6月期 3年目 計画	32年6月期 4年目 計画
[売上高]					
売上高	445,534,810	360,000,000	360,000,000	360,000,000	360,000,000
[売上原価]					
材料費	14,624,183	10,800,000	10,800,000	10,800,000	10,800,000
外注加工費	219,454,668	205,200,000	205,200,000	205,200,000	205,200,000
売上原価	234,078,851	216,000,000	216,000,000	216,000,000	216,000,000
売上総損益金額	211,455,959	144,000,000	144,000,000	144,000,000	144,000,000
[販売管理費]					
役員報酬	13,890,000	4,800,000	4,800,000	4,800,000	4,800,000
給料手当	131,350,041	81,000,000	81,000,000	81,000,000	81,000,000
法定福利費	19,292,867	11,500,000	11,500,000	11,500,000	11,500,000
福利厚生費	4,419,122	2,850,000	2,850,000	2,850,000	2,850,000
業務委託費	3,338,822	2,500,000	2,500,000	2,500,000	2,500,000
広告宣伝費	1,146,051	2,400,000	2,400,000	2,400,000	2,400,000
接待交際費	1,296,862	1,200,000	1,200,000	1,200,000	1,200,000
旅費交通費	1,022,234	1,200,000	1,200,000	1,200,000	1,200,000
通信費	1,752,278	1,800,000	1,800,000	1,800,000	1,800,000
消耗品費	1,305,141	900,000	900,000	900,000	900,000
事務用品費	1,368,912	1,200,000	1,200,000	1,200,000	1,200,000
修繕費	1,187,164	1,200,000	1,200,000	1,200,000	1,200,000
水道光熱費	1,471,275	1,200,000	1,200,000	1,200,000	1,200,000
支払手数料	817,319	300,000	300,000	300,000	300,000
車両費	4,752,757	3,000,000	3,000,000	3,000,000	3,000,000
地代家賃	6,500,268	5,550,000	5,550,000	5,550,000	5,550,000
リース料	625,001	900,000	900,000	900,000	900,000
保険料	1,874,511	1,800,000	1,800,000	1,800,000	1,800,000
租税公課	583,495	600,000	600,000	600,000	600,000
支払報酬料	2,179,874	2,400,000	2,400,000	2,400,000	2,400,000
減価償却費	3,192,268	1,800,000	1,800,000	1,800,000	1,800,000
雑費	48,841	120,000	120,000	120,000	120,000
販売管理費計	203,415,097	130,220,000	130,220,000	130,220,000	130,220,000
営業損益金額	8,040,862	13,780,000	13,780,000	13,780,000	13,780,000
[営業外収益]					
受取利息	4,085	0	0	0	0
雑収入	754,160	2,400,000	2,400,000	2,400,000	2,400,000
営業外収益合計	758,245	2,400,000	2,400,000	2,400,000	2,400,000
[営業外費用]					
支払利息	2,115,423	1,800,000	1,800,000	1,800,000	1,800,000
雑損失	80,000	0	0	0	0
営業外費用合計	2,195,423	1,800,000	1,800,000	1,800,000	1,800,000
経常損益金額	6,603,684	14,380,000	14,380,000	14,380,000	14,380,000
[特別利益]					
特別利益合計	1,574,125	0	0	0	0
[特別損失]					
特別損失合計	108,669	0	0	0	0
[当期純損益]					
税引前当期純損益金額	8,069,140	14,380,000	14,380,000	14,380,000	14,380,000
法人税等	2,824,199	5,033,000	5,033,000	5,033,000	5,033,000
当期純損益金額	5,244,941	9,347,000	9,347,000	9,347,000	9,347,000

	33年6月期 5年目 計画	34年6月期 6年目 計画	35年6月期 7年目 計画	36年6月期 8年目 計画	37年6月期 9年目 計画	38年6月期 10年目 計画
	360,000,000	360,000,000	360,000,000	360,000,000	360,000,000	360,000,000
	10,800,000	10,800,000	10,800,000	10,800,000	10,800,000	10,800,000
	205,200,000	205,200,000	205,200,000	205,200,000	205,200,000	205,200,000
	216,000,000	216,000,000	216,000,000	216,000,000	216,000,000	216,000,000
	144,000,000	144,000,000	144,000,000	144,000,000	144,000,000	144,000,000
	4,800,000	4,800,000	4,800,000	4,800,000	4,800,000	4,800,000
	81,000,000	81,000,000	81,000,000	81,000,000	81,000,000	81,000,000
	11,500,000	11,500,000	11,500,000	11,500,000	11,500,000	11,500,000
	2,850,000	2,850,000	2,850,000	2,850,000	2,850,000	2,850,000
	2,500,000	2,500,000	2,500,000	2,500,000	2,500,000	2,500,000
	2,400,000	2,400,000	2,400,000	2,400,000	2,400,000	2,400,000
	1,200,000	1,200,000	1,200,000	1,200,000	1,200,000	1,200,000
	1,200,000	1,200,000	1,200,000	1,200,000	1,200,000	1,200,000
	1,800,000	1,800,000	1,800,000	1,800,000	1,800,000	1,800,000
	900,000	900,000	900,000	900,000	900,000	900,000
	1,200,000	1,200,000	1,200,000	1,200,000	1,200,000	1,200,000
	1,200,000	1,200,000	1,200,000	1,200,000	1,200,000	1,200,000
	1,200,000	1,200,000	1,200,000	1,200,000	1,200,000	1,200,000
	300,000	300,000	300,000	300,000	300,000	300,000
	3,000,000	3,000,000	3,000,000	3,000,000	3,000,000	3,000,000
	5,550,000	5,550,000	5,550,000	5,550,000	5,550,000	5,550,000
	900,000	900,000	900,000	900,000	900,000	900,000
	1,800,000	1,800,000	1,800,000	1,800,000	1,800,000	1,800,000
	600,000	600,000	600,000	600,000	600,000	600,000
	2,400,000	2,400,000	2,400,000	2,400,000	2,400,000	2,400,000
	1,800,000	1,800,000	1,800,000	1,800,000	1,800,000	1,800,000
	120,000	120,000	120,000	120,000	120,000	120,000
	130,220,000	130,220,000	130,220,000	130,220,000	130,220,000	130,220,000
	13,780,000	13,780,000	13,780,000	13,780,000	13,780,000	13,780,000
	0	0	0	0	0	0
	2,400,000	2,400,000	2,400,000	2,400,000	2,400,000	2,400,000
	2,400,000	2,400,000	2,400,000	2,400,000	2,400,000	2,400,000
	1,800,000	1,800,000	1,800,000	1,800,000	1,800,000	1,800,000
	0	0	0	0	0	0
	1,800,000	1,800,000	1,800,000	1,800,000	1,800,000	1,800,000
	14,380,000	14,380,000	14,380,000	14,380,000	14,380,000	14,380,000
	0	0	0	0	0	0
	0	0	0	0	0	0
	14,380,000	14,380,000	14,380,000	14,380,000	14,380,000	14,380,000
	5,033,000	5,033,000	5,033,000	5,033,000	5,033,000	5,033,000
	9,347,000	9,347,000	9,347,000	9,347,000	9,347,000	9,347,000

巻末別表

別表3【経費管理表】

勘定科目	内訳	28年7月 予算	実績	差異	ムダ	28年8月 予算	実績	差異	ムダ
役員報酬		500,000	500,000	0		500,000	500,000	0	
給料手当	東京基本給	840,000	840,000	0		840,000	840,000	0	
	東京残業代	50,000	120,000	70,000	80,000	50,000	40,000	-10,000	
	大阪基本給	650,000	650,000	0		650,000	650,000	0	
	大阪残業代	40,000	20,000	-20,000		40,000	65,000	25,000	20,000
法定福利費	年金・健康保険	152,000	152,000	0		152,000	152,000	0	
	労働保険	34,000	34,000	0		34,000	34,000	0	
福利厚生費	水サーバー	8,000	8,000	0		8,000	8,000	0	
	有線放送	12,000	12,000	0		12,000	12,000	0	
荷造運賃	商品発送(A社)	25,000	28,000	3,000		25,000	24,500	-500	
	商品発送(B社)	36,000	42,000	6,000		36,000	28,000	-8,000	
	郵便	10,000	7,800	-2,200		10,000	14,000	4,000	
広告宣伝費	ホームページ運営費	15,000	15,000	0		15,000	15,000	0	
	雑誌広告	600,000	570,000	-30,000	350,000	450,000	700,000	250,000	180,000
	リスティング広告	25,000	32,000	7,000		25,000	26,500	1,500	
	新聞折込み	250,000	214,000	-36,000	36,600	300,000	345,000	45,000	33,000
交際費	交流会参加費	5,000	6,500	1,500		5,000	0	-5,000	
	接待交際費	20,000	15,000	-5,000	15,000	20,000	3,000	-17,000	
会議費		3,000	3,400	400		3,000	0	-3,000	
旅費交通費	東京交通費	35,000	26,500	-8,500		35,000	32,100	-2,900	
	東京宿泊費	30,000	39,000	9,000	8,000	30,000	22,000	-8,000	
	大阪交通費	25,000	26,600	1,600		25,000	24,500	-500	
	大阪宿泊費	20,000	14,500	-5,500		20,000	29,000	9,000	3,000
	通勤費	34,500	34,500	0		34,500	34,500	0	
通信費	固定電話	21,000	24,300	3,300		21,000	19,900	-1,100	
	携帯電話	65,000	48,500	-16,500		65,000	68,000	3,000	4,500
	インターネット	12,500	12,500	0		12,500	12,500	0	
消耗品・事務用品費	消耗品・事務用品	25,000	24,500	-500	2,500	25,000	21,000	-4,000	3,000
	名刺	5,000	6,400	1,400		5,000	0	-5,000	
	消耗品通販東京	15,000	14,500	-500	500	15,000	33,000	18,000	2,500
	消耗品通販大阪	15,000	12,400	-2,600	300	15,000	22,000	7,000	9,040

勘定科目	内訳	28年7月				28年8月			
		予算	実績	差異	ムダ	予算	実績	差異	ムダ
消耗品・事務用品費	パソコン・パソコン用品	20,000	8,500	-11,500		20,000	1,000	-19,000	
	コピーチャージ	13,000	14,300	1,300		13,000	12,700	-300	
	什器・設備	20,000	0	-20,000		20,000	44,000	24,000	
水道光熱費	東京事務所	5,000	5,200	200		5,000	4,600	-400	
	大阪事務所	4,000	4,500	500		4,000	4,200	200	
新聞図書費	書籍代	10,000	21,000	11,000	5,000	10,000	9,000	-1,000	1,000
	新聞・雑誌代	10,000	12,000	2,000		10,000	5,500	-4,500	
	●●●購読料	5,000	5,000	0		5,000	5,000	0	
諸会費		10,000	10,000	0		5,000	5,000	0	
支払手数料	インターネットバンキング	4,000	4,000	0		4,000	4,000	0	
	振込手数料	30,000	27,900	-2,100		30,000	22,500	-7,500	
賃借料	東京事務所	190,000	190,000	0		190,000	190,000	0	
	大阪事務所	100,000	100,000	0		100,000	100,000	0	
リース料		15,000	15,000	0		15,000	15,000	0	
保険料		22,000	22,000	0		22,000	22,000	0	
租税公課	印紙代	5,000	4,500	-500		5,000	3,600	-1,400	
	商業登記・印鑑証明・住民票	3,000	0	-3,000		3,000	7,600	4,600	
	登記印紙代	10,000	10,000	0		30,000	50,000	20,000	
	税金			0		200,000	243,000	43,000	
支払報酬料	●●会計士	45,000	45,000	0		45,000	45,000	0	
	●●弁護士	50,000	50,000	0		50,000	50,000	0	
	●●社労士	25,000	25,000	0		25,000	25,000	0	
雑費			4,600	4,600	2,000		14,300	14,300	6,500
教育研修費	東京セミナー	30,000	18,000	-12,000		30,000	34,000	4,000	
	東京教材	30,000	7,000	-23,000		30,000	32,000	2,000	
	大阪セミナー	30,000	0	-30,000		30,000	56,000	26,000	16,000
	大阪教材	30,000	24,000	-6,000		30,000	38,000	8,000	4,000
業務委託費	D社	200,000	200,000	0		200,000	200,000	0	
	E社	40,000	78,000	38,000	19,000	40,000	22,000	-18,000	
合計		4,534,000	4,459,400	-74,600	518,900	4,649,000	5,040,500	391,500	282,540

巻末別表

別表4【売掛金管理表】

取引先名：A社
回収条件：翌月末日振込・100万円以上は手形回収（3ヶ月サイト）

年月	前月繰越売掛金	今月売上高	今月回収	
			振込	振込日
28年4月	1,782,902	3,281,991	1,000,000	28/4/30
28年5月	3,281,992	2,619,201	1,000,000	28/5/31
28年6月	2,619,201			
28年7月				
28年8月				
28年9月				
28年10月				
28年11月				
28年12月				

	受取手形	手形受領日	回収合計	次月繰越売掛金
	782,901	28/4/30	1,782,901	3,281,992
	2,281,992	28/5/31	3,281,992	2,619,201

巻末 別表

別表5【月次資金繰り表】

	28年3月 実績	28年4月 実績	28年5月 実績	28年6月 実績	28年7月 予定	
前月より繰越	14,445	10,787	18,297	60,845	63,589	
現金売上	2,612	1,728	2,171	2,216	1,500	
売掛金回収	30,775	36,736	30,955	35,100	35,100	
手形取立・割引	2,384	8,272	2,842	4,821	4,000	
その他収入	231	112	91	291	100	
経常収入	36,002	46,848	36,059	42,428	40,700	
現金仕入	391	511	892	438	500	
買掛金支払	29,742	27,314	27,428	28,628	27,428	
手形決済	2,940	4,550	4,211	4,592	5,000	
人件費支払	1,215	1,265	1,265	1,265	1,265	
その他支払	2,092	2,087	2,087	2,087	2,087	
支払利息	119	90	147	193	193	
経常支出	36,499	35,817	36,030	37,203	36,473	
経常収支	-497	11,031	29	5,225	4,227	
設備売却	0	0	0	0	0	
設備収入	0	0	0	0	0	
設備購入	0	0	0	0	0	
設備支出	0	0	0	0	0	
設備収支	0	0	0	0	0	
借入実行(銀行)	0	0	48,000	0	0	
借入実行(その他)	0	0	0	3,000	0	
固定預金払出	360	0	0	0	0	
財務収入	360	0	48,000	3,000	0	
借入返済(銀行)	3,521	3,521	5,481	5,481	5,481	
借入返済(その他)	0	0	0	0	0	
固定預金預入	0	0	0	0	0	
財務支出	3,521	3,521	5,481	5,481	5,481	
財務収支	-3,161	-3,521	42,519	-2,481	-5,481	
収支過不足	-3,658	7,510	42,548	2,744	-1,254	
次月繰越	10,787	18,297	60,845	63,589	62,335	

(単位：千円)

	28年8月 予定	28年9月 予定	28年10月 予定	28年11月 予定	28年12月 予定	29年1月 予定	29年2月 予定
	62,335	51,081	52,127	34,373	52,208	54,843	62,678
	1,500	1,500	1,500	1,500	1,500	1,500	1,500
	35,100	35,100	36,900	39,900	44,900	44,900	44,900
	4,000	4,000	4,000	4,000	4,000	4,000	4,000
	100	100	100	100	100	100	100
	40,700	40,700	42,500	45,500	50,500	50,500	50,500
	500	500	500	500	500	500	500
	32,428	27,628	32,728	32,428	32,628	32,428	32,428
	5,000	5,000	5,000	5,000	5,000	5,000	5,000
	1,265	1,265	1,265	1,265	1,265	1,265	1,265
	2,087	2,087	2,087	2,087	2,087	2,087	2,087
	193	193	193	193	193	193	193
	41,473	36,673	41,773	41,473	41,673	41,473	41,473
	-773	4,027	727	4,027	8,827	9,027	9,027
	0	2,500	0	0	0	5,000	0
	0	2,500	0	0	0	5,000	0
	0	0	13,000	0	0	0	0
	0	0	13,000	0	0	0	0
	0	2,500	-13,000	0	0	5,000	0
	0	0	0	20,000	0	0	0
	0	0	0	0	0	0	0
	0	0	0	0	0	0	0
	0	0	0	20,000	0	0	0
	5,481	5,481	5,481	6,192	6,192	6,192	6,192
	5,000	0	0	0	0	0	0
	0	0	0	0	0	0	0
	10,481	5,481	5,481	6,192	6,192	6,192	6,192
	-10,481	-5,481	-5,481	13,808	-6,192	-6,192	-6,192
	-11,254	1,046	-17,754	17,835	2,635	7,835	2,835
	51,081	52,127	34,373	52,208	54,843	62,678	65,513

巻末別表

別表6【日次資金繰り表】

日付		相手	摘要	支払	入金	残高
前月繰越						866,577
8	1	A	外注費	660,000	0	206,577
		B	売掛金回収	0	1,218,249	1,424,826
		C	リース費	97,200	0	1,327,626
8	2	D	パソコン購入	117,450	0	1,210,176
		E	コピーチャージ	2,160	0	1,208,016
		F	材料費	39,200	0	1,168,816
		G	会費	21,000	0	1,147,816
		H	材料費	287,128	0	860,688
		I	会費	20,000	0	840,688
		J	外注費	350,000	0	490,688
		K	外注費	140,000	0	350,688
8	3	L	リース料	200,000	0	150,688
		M	リース料	50,000	0	100,688
		N	売掛金回収	0	242,240	342,928
		O	売掛金回収	0	1,512,000	1,854,928
		P	外注費	160,000	0	1,694,928
		Q	給与	220,000	0	1,474,928
		R	給与	350,000	0	1,124,928

支払内訳			入金内訳			残高内訳		
A銀行	B信金	現金	A銀行	B信金	現金	A銀行	B信金	現金
						819,311	19,115	28,151
660,000						159,311	19,115	28,151
			1,218,249			1,377,560	19,115	28,151
97,200						1,280,360	19,115	28,151
117,450						1,162,910	19,115	28,151
2,160						1,160,750	19,115	28,151
39,200						1,121,550	19,115	28,151
		21,000				1,121,550	19,115	7,151
287,128						834,422	19,115	7,151
20,000						814,422	19,115	7,151
350,000						464,422	19,115	7,151
140,000						324,422	19,115	7,151
200,000						124,422	19,115	7,151
50,000						74,422	19,115	7,151
			242,240			316,662	19,115	7,151
				1,512,000		316,662	1,531,115	7,151
160,000						156,662	1,531,115	7,151
	220,000					156,662	1,311,115	7,151
	350,000					156,662	961,115	7,151

別表7【得意先別売上代金回収予定表】

(単位:千円)

得意先名		28年7月	28年8月	28年9月	28年10月	28年11月	28年12月
A社	売上予定	5,000	6,000	4,000	5,500	5,000	5,000
	現金回収	0	0	0	0	0	0
	売掛金回収	1,000	1,000	1,000	1,000	1,000	1,000
	手形取立・割引	4,500	4,000	5,000	3,000	4,500	4,000
	回収合計	5,500	5,000	6,000	4,000	5,500	5,000
B社	売上予定	2,500	3,000	3,000	3,500	1,500	2,000
	現金回収	0	0	0	0	0	0
	売掛金回収	2,200	2,500	3,000	3,000	3,500	1,500
	手形取立・割引	0	0	0	0	0	0
	回収合計	2,200	2,500	3,000	3,000	3,500	1,500
C社	売上予定	1,200	800	1,000	900	1,000	1,100
	現金回収	0	0	0	0	0	0
	売掛金回収	1,100	1,200	800	1,000	900	1,000
	手形取立・割引	0	0	0	0	0	0
	回収合計	1,100	1,200	800	1,000	900	1,000
D社	売上予定	700	400	500	500	600	600
	現金回収	700	400	500	500	600	600
	売掛金回収	0	0	0	0	0	0
	手形取立・割引	0	0	0	0	0	0
	回収合計	700	400	500	500	600	600
E社	売上予定	300	250	300	400	300	350
	現金回収	0	0	0	0	0	0
	売掛金回収	200	300	250	300	400	300
	手形取立・割引	0	0	0	0	0	0
	回収合計	200	300	250	300	400	300
合計	売上予定	9,700	10,450	8,800	10,800	8,400	9,050
	現金回収	700	400	500	500	600	600
	売掛金回収	4,500	5,000	5,050	5,300	5,800	3,800
	手形取立・割引	4,500	4,000	5,000	3,000	4,500	4,000
	回収合計	9,700	9,400	10,550	8,800	10,900	8,400

別表8【仕入先別仕入代金支払予定表】

(単位：千円)

得意先名		28年7月	28年8月	28年9月	28年10月	28年11月	28年12月
F社	仕入予定	3,500	4,000	3,200	4,800	3,600	4,000
	現金仕入	0	0	0	0	0	0
	買掛金支払	500	500	500	500	500	500
	手形決済	3,200	4,300	4,000	3,700	4,300	3,300
	支払合計	3,700	4,800	4,500	4,200	4,800	3,800
G社	仕入予定	1,900	2,400	2,300	3,000	2,300	2,300
	現金仕入	0	0	0	0	0	0
	買掛金支払	3,000	1,900	2,400	2,300	3,000	2,300
	手形決済	0	0	0	0	0	0
	支払合計	3,000	1,900	2,400	2,300	3,000	2,300
H社	仕入予定	500	300	300	300	400	400
	現金仕入	500	300	300	300	400	400
	買掛金支払	0	0	0	0	0	0
	手形決済	0	0	0	0	0	0
	支払合計	500	300	300	300	400	400
I社	仕入予定	300	340	290	300	250	200
	現金仕入	0	0	0	0	0	0
	買掛金支払	290	300	340	290	300	250
	手形決済	0	0	0	0	0	0
	支払合計	290	300	340	290	300	250
合計	仕入予定	6,200	7,040	6,090	8,400	6,550	6,900
	現金仕入	500	300	300	300	400	400
	買掛金支払	3,790	2,700	3,240	3,090	3,800	3,050
	手形決済	3,200	4,300	4,000	3,700	4,300	3,300
	支払合計	7,490	7,300	7,540	7,090	8,500	6,750

別表9【現金出納帳】

現金出納帳　28年7月

日付		相手	摘要	支払	入金	残高
前月繰越						4,302
7	1	A店	雑誌購入	2,000		2,302
		B社	現金売上		32,900	35,202
		C社	新聞代	4,500		30,702
7	2	郵便局	切手	1,600		29,102
7	4	D社	材料代	7,600		21,502
		E銀行	預金引き出し		50,000	71,502
7	5	F社	ガソリン	7,400		64,102
		G社	現金売上		5,400	69,502
		H店	飲料	1,200		68,302
		I店	接待飲食	25,000		43,302

あとがき

　全国の中小企業・小規模事業者の数は、平成26年11月に総務省が公表した「平成26年経済センサス‐基礎調査」のデータでは、380.9万件です。
　大企業も合わせたら全国の企業数は382.0万件であり、全国の企業の中で圧倒的に中小企業・小規模事業者が多いことがわかります。
　なお、「中小企業白書2015」によると、平成21年～24年の間の年平均開業数は約6万件、年平均廃業数は約26万件です。廃業数の中には、経営者が高齢になり後継者もいないことから廃業する会社もあれば、資金繰りが立ち行かなくなり破産したという会社もあります。
　これらのデータからは、中小企業は日々、新陳代謝していることがわかります。

　会社を存続させるには、資金繰りが回らなければなりません。
　人間の生命活動のために体内で血液が巡っているのと同じで、会社にとっての現金とは、会社を継続するための血液の役目を果たすものです。人間が血液の循環が止まってしまえば死んでしまうのと同じように、会社の中で現金が回らない、つまり資金繰りが回らなくなってしまえば、それは会社の死、つまり倒産を意味します。

　だからといって、国は、全ての中小企業を生かしていかねばならないとは考えていません。倒産する会社は倒産してもらい、残った会社

が成長していけば、経済はうまく回ると考えています。
　生き残る会社は世の中に必要な会社、倒産する会社は世の中に必要とされないから倒産する、という考えです。それで新陳代謝して、経済が回っていけばよい、と国は考えます。

　会社の資金繰りが回らなくなって倒産するのは、やむをえないことと考えられています。
　この中で資金繰りが厳しい会社は、経営者自身がどうしていけばよいか考えて行動していかなければ誰も助けてくれません。

　日々、私のもとへメール、電話などで多くの経営者から資金繰りの相談が来ますが、そのような経営者を見ると、このままの経営を続けていれば資金繰りが回らなくなって倒産してしまうのが目に見えているケースが大半です。
　資金繰りが厳しい会社の多くは、銀行からの多額な借入金を返せずにいる、知人や親族からたくさん借りて催促を受けても返せずにいる、買掛先にたくさんの未払いがたまっている……など、誰かにすでに迷惑をかけている状態です。
　資金繰りが厳しい会社の経営者は、自分も苦しい状態ではありますが、一方でお金を返してもらえず、もしくはお金を払ってもらえず困っている債権者がいる、ということをわかってほしいです。
　債権者のほうが、自分のお金を返してもらえない、自分が正当に得るべきお金を払ってもらえないと、悩んでいるのです。
　それが、他人のお金を借りて返せない、正当に取引して支払うべきお金を支払えない債務者の方との大きな違いです。

　例えば、今まで仕事をがんばって貯めてきた300万円の札束が手も

とにあったとします。そこへ、友人から貸してほしいと頼まれて貸してしまい、返してくれない状態を想像してください。

　自分ががんばって稼いだお金を貸して返してくれない状態は「悔しい」という感情になりますが、他人のお金を借りて何かに使ってしまった状態では「悔しい」という感情にはなりませんね。

　しかし、そうやって資金繰りが厳しい経営者を責めてばかりいても仕方ありません。
　「マズローの欲求５段階説」では、人間の欲求は、低次の欲求から順に、生理的欲求、安全欲求、社会的欲求、尊厳欲求、自己実現欲求、となります。
　一番低い階層の生理的欲求とは、人間が生命を維持するための睡眠欲・食欲などのことです。それは人が生きていくための最も基本的欲求であり、生理的欲求が充たされないと上の階層の欲求を求める気が起きません。
　資金繰りが厳しい会社の経営者を見てみますと、お金がない状態で、会社継続の危機です。会社が継続できないと、取引先や社員に迷惑をかけますが、何より自分とその家族が収入を絶たれます。しかも銀行からの借入金など連帯保証人としての債務を負った上です。
　自分とその家族が生活できない。お金がないと何もできません。食事ができません。子どもを学校に行かせられません。住むところもありません。
　マズローの一番低い階層の欲求である生理的欲求が充たされない状態です。そのような状態になってしまうことへの恐怖から、もしくは現在その状態になりかかっているため、資金繰りが厳しい経営者の多くは精神的に追いつめられてしまっています。
　表情は暗く、会話が支離滅裂です。話し合いを４〜５時間しても１

つも決まらないなど、頭の中で考えることがどうどう巡りします。夜は眠れません。自分で命を絶つことも考えてしまいます。

　内閣府の自殺統計を見ると、平成27年の自殺者約2万4,000件のうちの原因として、健康問題が1位で約1万2,000件、経済・生活問題が2位で約4,000件です。健康問題と経済・生活問題はどちらもマズローの生理的欲求に入ります。生理的欲求が充たされないと鬱状態になりやすく、それが行き過ぎると自殺につながってくるのでは、と思います。
　資金繰りが厳しい会社の経営者を見ると、神様はなぜこんなに、人間に試練を与えるんだろう、と思います。

　私は、銀行員7年半、経営者11年、資金繰り改善コンサルタント12年（経営者とコンサルタントの時期はかぶります）経験し、それらは全て中小企業の資金繰りに直面する仕事でした。
　私が、資金繰りが厳しい経営者向けに資金繰り改善の本を書かなれば、誰が書けるんだ、という思いでこの本を執筆しました。
　この本に書いてあることを着実に実行すれば、全ての会社の資金繰りは改善し、会社は存続できます。そして経営者に精神的に楽になってもらい、稼いでもらいたいです。自分の給料を高くできるようにしてもらいたいです。今まで資金繰りで苦労してきたのですから、これからは良い思いをしてほしいです。また今まで迷惑をかけてきた債権者にも支払いを行い、その債権者にも幸せになってほしいです。
　全ては、あなたの会社の資金繰りが改善し、回るようになること。そのためにはあなたの今後の動き方にかかっています。
　がんばってください。

著者紹介

川北 英貴（かわきた・ひでき）

株式会社グラティチュード・トゥーユー　代表取締役

昭和49年愛知県東海市生まれ

早稲田大学法学部卒業後、平成９年大垣共立銀行入行、３つの支店にて主に中小企業向け融資業務を手がける。銀行を退職後、平成16年、株式会社フィナンシャル・インスティチュートを設立。事業再生コンサルティング、資金繰りコンサルティングの専門会社として11年間、代表取締役を務め、創業６年目には年商７億円を超えた。

会社の成長により経営者としての仕事が忙しくなる中、これからはコンサルタントの道を究めていこうと思い、平成27年、幹部社員の１人に後を継いでもらい、１人コンサルタント会社として平成28年２月、株式会社グラティチュード・トゥーユー設立。全国の中小企業の資金繰り改善に飛びまわる一方、電話やメールで日々、資金繰りに悩む経営者の相談を受けている。

著書に、『絶対にカネに困らない会社にする 資金繰り完全マニュアル』『銀行とのつきあい方 銀行がホイホイお金を貸したくなる社長になる方法!』（以上、小社刊）、『絶対にカネ詰まりを起こさない! 資金繰りの教科書』（PHP研究所）、『絶対に会社をつぶさない! 社長のための 借金の返し方・追加融資の受け方』（日本実業出版社）など、他多数。

川北英貴の連絡先〈資金繰りの相談はこちらへ連絡ください〉
メールアドレス：kawakita@gratitude.co.jp
※こちらからの連絡は電話で行いますので、必ず電話番号を書いてください
携帯電話：080-7937-6621

中小企業経営者のための
絶対にカネに困らない

資金繰り　完全バイブル

2016年 8月31日　　第1刷発行

著　者	川北　英貴
発行者	八谷　智範
発行所	株式会社すばる舎リンケージ
	〒170-0013　東京都豊島区東池袋3-9-7　東池袋織本ビル1階
	TEL 03-6907-7827　　FAX 03-6907-7877
	http://www.subarusya-linkage.jp/
発売元	株式会社すばる舎
	〒170-0013　東京都豊島区東池袋3-9-7　東池袋織本ビル
	TEL 03-3981-8651（代表）
	03-3981-0767（営業部直通）
	振替 00140-7-116563
	http://www.subarusya.jp/
印　刷	ベクトル印刷株式会社

落丁・乱丁本はお取り替えいたします。
Ⓒ Hideki Kawakita 2016 Printed in Japan
ISBN978-4-7991-0557-3

大好評 発売中！
「会社経営NEOマニュアル」シリーズ

『経営者のためのIPOを考えたら読む本』

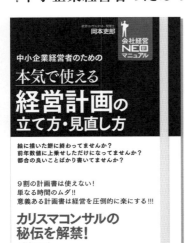

著者：手塚貞治
ISBN：978-4-7991-0368-5
定価：2,800円＋税

中小企業から大企業まで、数多くの上場を手掛けたコンサルタントが「公正中立な観点」から、上場すべきか否かの検討材料を提示します。
ステップを負いながら考えられるほかに類を見ない一冊です。経営者はもちろんですが、経営をサポートするプロの方にもお勧めです。

『中小企業経営者のための本気で使える経営計画の立て方・見直し方』

著者：岡本吏郎
ISBN：978-4-7991-0393-7
定価：2,800円＋税

御社の経営計画、絵に描いた餅に終わっていませんか？
前年数値に上乗せしただけになっていませんか？
都合の良いことばかり書いていませんか？
９割の計画書は使えず、単なる時間のムダに過ぎません。
かと言って作らないのも時間をムダにしている可能性大！
意義ある計画は経営を圧倒的に楽にします。
カリスマコンサルの秘伝を解禁！